AF369417

MES
NOUVEAUX TORTS,

OU

NOUVEAU MÉLANGE

DE POÉSIES.

Si l'on veut encore me faire un crime (comme je dois m'y attendre) des hommages adreſſés dans ce Recueil à quelques Perſonnes aimables, qu'on ſe reſſouvienne au moins que toutes les Pièces qu'on raſſemble à la fois ſous les yeux du Public, ont été faites en différens tems dans le cours de douze années. La complaiſance, la galanterie, les égards mêmes qu'on doit à la Société, autoriſent & devroient faire pardonner ces tributs du moment, qu'on ne s'eſt jamais aviſé de reprocher qu'à moi. L'indiſcrétion & l'amour-propre n'y ont aucune part. Ceux qui me connoiſſent ſavent à quel point l'un & l'autre me ſont étrangers. La fatuité eſt le plus petit des vices, & je ſerois bien honteux qu'on m'en ſoupçonnât.

MES
NOUVEAUX TORTS.

MES NOUVEAUX TORTS,

OU

NOUVEAU MÉLANGE

DE POÉSIES,

POUR SERVIR DE SUITE

AUX FANTAISIES.

A AMSTERDAM,

ET A PARIS,

Chez **DELALAIN**, rue de l'ancienne Comédie Françoiſe.

M. DCC. LXXV.

L E T T R E

A MADAME

LA COMTESSE DE.....

Permettez, Madame que je vous préfente ce Recueil de Poéfies. C'eft leur ménager un foutien que de les faire paroître fous vos aufpices. La plûpart font abfolument nouvelles ; les autres font revues avec tant de foin, que j'ai ofé les remettre fous les yeux du Public ; c'eft la dernière Collection de ce genre que je veuille lui offrir. Elle eft le fruit d'une imagination qui s'affecte trop aifément peut-être des différens objets, & qui peint rapidement ce qui l'a frappée de même.

L'âge de cette effervefcence eft paflé. Il eft tems de fournir à la malignité des prétextes plus folides de s'exercer à mes dépens. C'eft avec une forte de complaifance que j'en ai vu le progrès. Pour peu qu'il augmente, je ne réponds pas de pouvoir me défendre de quelques mouvemens d'amour-propre, si toutefois il eſt poſſible que la gloriole littéraire parvienne (aujourd'hui fur-tout) à les exciter dans un bon eſprit. Je dis, aujourd'hui, Madame, parce que c'eſt de nos jours en effet que date la décadence bien fenfible de tous ces Arts agréables que la Nation payoit autrefois de fon eſtime, & qui n'éprouvent plus que fon indifférence par les travers de ceux qui les cultivent. Les Gens de Lettres ont eu des torts qu'il eſt impoſſible de fe diſſimuler. Ils ont préféré une exiſtence éphémère & bruyante au recueillement laborieux de leurs Prédéceſſeurs, & à ce long fouvenir qu'ils ont laiſſé de leurs Ouvrages. C'eſt dans l'ombre de la retraite & de la méditation que ces derniers étudioient la Nature. Nos Ecrivains modernes vont la chercher par-tout où elle n'eſt pas. Auſſi bizarres dans leurs deſſeins, que froids & vagues dans leur couleur, ils peignent de fantaiſie ne pouvant atteindre au modèle. Les uns, berçant leur oifiveté des rêves de l'ambition , végétent à la Cour qui ne les apperçoit point ; les autres, fe contentant de régenter la Ville ,t rouvent plus commode de détruire leurs rivaux par le manége , que de les furpaffer par le talent. Ils ufurpent la fouveraineté des cercles , la jurif-diction des foupers , fe difent profonds pour fe difpenfer d'être aimables , font adopter à quelques femmes leur jargon fcientifique , offrent , à tout venant , une érudition banale dont perfonne ne veut , divifent , fubdivifent , argumentent fur tout , n'inftruifent de rien , cachent leur infuffifance fous le Charlata-nifme , & font autant de dupes qu'ils comp-tent d'admirateurs.

D'autres encore , & c'eft le plus grand nombre , s'érigent en Prôneurs intrépides , fe font les Chevaliers errans de la fottife , & proclament par état les oififs illuftres que l'on confie à leur activité. Pendant qu'ils vont , qu'ils courent , qu'ils fe tourmentent , les objets de leurs éloges fe repofent , ne fe donnent pas même la peine de penfer , & , au bout de quelques mois , ils fe réveillent un beau matin avec une réputation toute arran-gée & un mérite dont ils ne fe doutoient pas. De-là , Madame , les fureurs de l'efprit de parti. C'eft lui feul qui domine , qui marque les rangs, élève ou renverse ses idoles & ses victimes. Les sources de la gloire sont fermées. On protège la Satyre impudente. L'audace persécute l'honnêteté, la foiblesse l'abandonne. Plus d'enthousiasme. Plus d'élan. On ne marche plus à la réputation, on se traîne méthodiquement à la célébrité. Le despotisme des uns, la servitude des autres, le ridicule de presque tous, voilà le séduisant tableau de notre Littérature.

Que pouvoit espérer, en pareille circonstance, un esprit trop inflexible pour descendre aux souplesses de l'intrigue, une ame trop franche pour contraindre ses sentimens, trop délicate pour feindre, trop haute pour flatter, trop indépendante sur-tout pour caresser les dispensateurs de la fortune, & s'énerver sous le joug des cotteries, ennemies de toute justice, & destructives de toute émulation.

Depuis douze ans, mes travaux ne m'ont guères valu que des injustices, & c'est dans ces mêmes travaux que j'ai trouvé ma consolation. Un cœur honnête se suffit. On le révolte quelquefois, rarement on l'aigrit, on ne le change jamais.

Au milieu des cabales, des ligues, de ces

débats éternels où l'amour-propre s'agite &
se croise, ce n'est point une simple exiſtence
littéraire qu'il faut défendre, il faut ſauver
avant tout la dignité d'Homme & de Citoyen.

Ce tréſor eſt d'autant plus précieux qu'il
devient tous les jours plus rare. Eſt-on obſcur,
c'eſt lui qui dédommage de l'être. A-t-on le
malheur d'être connu, c'eſt encore lui qu'il
faut tranſmettre ſans tache à la poſtérité? Si
nos arrogans petits Littérateurs pouvoient ſe
convaincre de la futilité du bel eſprit, quand
il n'eſt pas joint aux qualités de l'ame & à la
nobleſſe du caractère, ils ſeroient bien humi-
liés d'avoir été ſi vains.

Vous me demandiez, Madame, comment
il étoit poſſible, que, ne reclamant rien, ne
prétendant à rien, incapable de nuire, je me
viſſe en butte à tant de cabales, de libelles &
d'animoſités. Si vous le permettez, je hazar-
derai quelques détails, qui, fixant ſous vos
yeux le point d'où je ſuis parti, ne vous
laiſſeront plus de ſurpriſe ſur tout ce qui
m'eſt arrivé.

Je ſuis, loin de me croire un perſonnage
aſſez intéreſſant pour occuper de moi le
Public ni vous. C'eſt la ſenſibilité qui

s'épanche, non la vanité qui se plaint. Je l'ai toujours regardée comme le vice des ames froides, le cachet des petits esprits, & le garant de la nullité. Mais, n'ayant aucun tort, peut-être est-il important pour moi de le dire, de le constater, pour que la conduite de certaines gens à mon égard paroisse dans tout son jour.

En entrant dans le monde, mon premier vœu ne fut point pour les Lettres. Des Parens dont je dépendois, me forcèrent de quitter l'état que je m'étois choisi, comme le plus convenable à mes goûts. C'est alors que la carrière où je suis s'offrit à mon imagination ardente & trompée. Je la voyois de loin; elle me parut semée de fleurs. Je n'apperçevois devant moi qu'une route applanie, des plaisirs purs, un Ciel serein. Tout me sembloit brillant, je fus décidé. Mais l'amour excessif des plaisirs, de la dissipation, sur-tout de ces êtres charmans sans lesquels l'éclat n'est rien, & par qui l'obscurité même est heureuse, des goûts vifs, une sensibilité extrême, ne me permirent pas de laisser mûrir dans la solitude du Cabinet les foibles dispositions que peut-être avois-je reçues de la nature. Tous les tourbillons de la Société m'emportèrent à la fois , & , ce qui m'y étonna davantage , ce fut d'y rencontrer les Oracles du siècle , ces Restaurateurs de la morale , de la législation , ces hommes impofans que je croyois occupés profondément & en silence du progrès des lumières , de la perfection de l'esprit humain & du bonheur du monde.

Prévenu par leur célébrité , j'attachai sur eux mes regards & mes réflexions. Je m'attendois à trouver de l'indulgence, des esprits lians, communicatifs ; je croyois bonnement le faste pédantesque incompatible avec l'étude de la sagesse ; je cherchois toujours des hommes affez éclairés pour avoir l'orgueil d'être utiles ; je ne trouvois que des Pédagogues maniérés , des Raifonneurs métaphifiques , des Enthousiastes qui ne m'échauffoient pas. J'étois dans l'âge dangereux où l'on rit. Je profitai de mes droits , & j'eus le malheur de plaifanter mes Juges. J'étois loin de prévoir tout ce qui pouvoit en réfulter de fâcheux pour moi : j'ignorois l'importance des Livres bons ou mauvais. Je ne foupçonnois pas l'influence que pouvoient avoir fur ma vie ceux qui font de la profe rimée ou non rimée. J'ignorois enfin que de nos jours on ne pardonne pas quand on eft dans les bons principes…. & il étoit trop jufte qu'on fît de moi un exemple éclatant pour m'apprendre à ne rien favoir de tout cela. Dès mes premiers pas ma carrière fut bornée. On m'affigna une limite. Je fus évalué, profcrit, défavoué par les puiffances littéraires, & tous les jours je voyois naître autour de moi une foule de grands Hommes, qu'elles créoient comme par magie, & qui éclipfoient encore mon exiftence imperceptible. Trop confiant pour craindre, trop décidé pour fléchir, je continuai de parler & d'écrire avec cette franchife, qu'affermiffoit en moi le mépris de toute prétention, & cette indépendance que j'avois puifée dans ma première école.

Voilà, Madame, l'origine exacte de mes difgraces. Voilà pourquoi je fuis fi peu de chofe pour ces Sociétés fublimes, où nos Adeptes par excellence rafinent l'éloge & le blâme, calculent les degrés d'enthoufiafme, & confomment, fi j'ofe le dire, le grand œuvre des réputations.

Il eft faux, comme d'abord on a voulu le

faire croire, que M. de Voltaire ait eu part à tout cela ; mais il eſt très-vrai qu'on a cherché vainement à l'indiſpoſer, & même à l'armer contre moi. Vous verrez, Madame, par une de ſes Lettres que je vais mettre ſous vos yeux, ainſi que par ma réponſe, combien il étoit loin de ſonger à m'affliger, & combien je l'étois de vouloir lui déplaire.

Copie d'une Lettre de M. DE VOLTAIRE.

à Ferney, le 8 Janvier 1767.

M.

A LA réception de la Lettre dont vous m'avez honoré, j'ai dit comme St. Auguſtin : *ô felix culpa !* Sans cette petite échappée dont vous vous accuſez ſi galamment, je n'aurois point eu votre Lettre qui m'a fait plus de plaiſir que l'Avis aux deux prétendus Sages ne m'a pu cauſer de peine. Votre plume eſt comme la lance d'Achille, qui guériſſoit les bleſſures qu'elle faiſoit.

Le Cardinal de * * * étant jeune, en arrivant à Paris, commença par faire des Vers contre moi, ſelon l'uſage, & finit par me favoriſer d'une bienveillance qui ne s'eſt jamais démentie. Vous me faites efpérer les mêmes bontés de vous pour le peu de tems qui me refte à vivre ; & je crie, *ô felix culpa*, à tue-tête.

J'ai déjà lu, M. votre charmant Poëme fur *la Décla-mation* ; il eft plein de Vers heureux, & de peintures vraies. Je me fuis toujours étonné qu'un art qui paroît fi naturel, fut fi difficile. Il y a ce me femble, dans Paris, beaucoup plus de jeunes gens capables de faire des Tragédies dignes d'être jouées, qu'il n'y a d'Acteurs pour les jouer. J'en cherche la raifon, & je ne fais fi elle n'eft pas dans la ridicule infâmie que des *Welches* ont attachée à réciter ce qu'il eft glorieux de faire. Cette contradiction Welche doit révolter tous les vrais François. Cette vérité me femble mériter que vous la faffiez valoir dans une feconde édition de votre Poëme.

Je ne peux vous dire à quel point j'ai été touché de tout ce que vous avez bien voulu m'écrire, j'ai l'honneur d'être, avec tous les fentimens que méritent la candeur de votre ame & . . . . *

---

* Je fupprime des éloges que je ne mérite pas.

RÉPONSE.

Paris, le 12 Janvier 1767.

M.

C'EST à moi de m'écrier cent fois avec le pêcheur &
pénitent St. Auguftin, *ó felix culpa* ! Ma faute affurément
eft une faute heureufe, puifqu'elle me procure une occafion de vous ouvrir mon cœur & de connoître le vôtre.
Vous voulez donc bien me pardonner comme vous par-
donnâtes autrefois au jeune Abbé devenu Miniftre depuis, & l'un des Princes de notre fainte Eglife. Excepté
le tort qui nous eft commun, je voudrois lui reffembler
en tout : j'aurois pour moi, les graces, la Cour de Rome,
& votre amitié.

Oui, M. je n'afpire qu'au moment de jouir à Ferney, de votre entretien, de vos lumières, & de
cette gaîté philofophique qui fait penfer, en même
rems qu'elle amufe. C'eft là, fi vous le permettez, que
j'irai vous faire fceller mon pardon, & réclamer
votre bienveillance, dont j'efpère jouir encore long-
tems quoi que vous difiez. Je fuis affligé quand je fonge
que la Providence a mefuré une carrière auffi brillante
que la vôtre, & qui devroit être fans bornes, comme le
Génie qui la parcourt :

A fuivre un dangereux talent,
Je ne fais trop quel charme nous invite.

Dans cette carrière maudite ,
Le tems où l'on sème est trop lent,
Les jours de la moisson, hélas ! passent trop vîte.

Les vôtres , seront , j'ose vous le prédire , longs , heureux , & paisibles. Vous aurez , en dépit de vous , cette
ressemblance avec les Patriarches.

Je suis , on ne peut pas plus , flatté de la complaisance
que vous avez eue de lire ma Production didactique. Je
ne crois pas ce Poëme plus utile aux Acteurs, que ne l'est
aux Poëtes *l'Art Poétique* de Boileau : mais j'ai satisfait
mon goût, je me suis, occupé d'un art que j'aime, j'ai
obtenu votre suffrage : je dois être fier de mon travail.

Vous me conseillez donc , M. de m'élever, dans une
autre Edition , contre cette flétrissure ridicule que l'incon-
séquence des Welches attache à un Art qui fait leur gloire
& leurs plaisirs. Je crains fort que ce ne soit du tems
perdu. Ces maudits Welches , font , sans doute , incura-
bles , puisque vous n'avez pu les guérir. N'importe , je
ferai de mon mieux : il est toujours bon de dire la vérité.
Heureux ! si vous vouliez m'apprendre à l'embellir ,
sur-tout à la faire aimer! Je suis, &c.

Rien de ce qui regarde M. de Voltaire ne
peut demeurer obscur. Notre correspon-
dance transpira , &, dans le monde , on traita
de réconciliation , ce qui n'étoit qu'une honnêteté réciproque. Mais comme cette soi-
disant *Réconciliation* effrayoit la belle ame
de mes doux Antagonistes, on chercha des
moyens

moyens innocens pour lui donner à mes yeux les caractères de la perfidie, en conféquence on fabriqua contre moi une épigramme bien lourde, bien injurieufe, bien littéraire, & l'on ne manqua pas de l'attribuer à l'homme même avec qui je venois d'avoir l'explication la plus franche & la moins équivoque. Il m'envoya ce défaveu.

Lettre de M. DE VOLTAIRE.

à Ferney, le 4 Mars 1767.

M.

VOTRE Mufe fait ce qu'elle veut. Je la remercie d'avoir voulu quelque chofe en ma faveur, quoiqu'il y ait encore un coup de patte. Je vous jure fur mon honneur, que je n'ai aucune connoiffance des Vers qu'on a faits contre vous. Je fuis uniquement occupé de l'affaire des *Sirven*, dont vous avez peut-être entendu parler. Ce nouveau procès de parricide va être jugé au Confeil du Roi: il m'intéreffe beaucoup plus que les *Scythes*, dont je ne fais aucun cas; je n'avois deftiné cet Ouvrage qu'à mon petit Théâtre; mais on imprime tout. On a imprimé ce petit amufement de campagne : les Comédiens fe répen-

tiront probablement d'avoir voulu le jouer. C'eſt une
eſpèce de Payſanne, pendant trois Actes entiers; c'eſt
une fille d'un petit Canton Suiſſe qui épouſe un Suiſſe
& un petit-Maître François tue ſon mari. Je ne connois
point de Pièce plus hazardée : c'eſt une eſpèce de gageure;
& je gage contre qui voudra contre le ſuccès : mais on
peut faire une mauvaiſe Pièce de Théâtre & ambitionner
votre amitié. Je vous ſupplie, M. de compter ſur les
ſentimens très-ſincères de votre, &c.

D'après cette Lettre, il eſt bien évident,
Madame, que l'Auteur des méchants Vers,
dont c'eſt trop vous entretenir, ne s'eſt ſervi
d'un grand nom que pour faire proſpérer ſa
noirceur, & ſe mettre à l'abri des petits in-
convéniens attachés à ces ſortes de Poéſies.
Je n'ai garde de ſoupçonner perſonne ; mais,
que ſait-on ? peut-être, à la faveur du ſecret,
l'intéreſſant Anonyme jouit-il dans la Société
d'une exiſtence brillante. Peut-être le féli-
cite-t-on tous les jours ſur l'aménité de ſes
mœurs, & la pureté de ſes intentions. Peut-
être, eſſentiellement occupé des *grands objets*, dévoré par l'amour de l'humanité *priſe en
maſſe*, dédaigne-t-il de s'abaiſſer au détail des
procédés & des ſimples vertus ſociales ; peut-
être enfin, *claſſé à part*, marqué du ſceau du

génie , est-il reçu parmi ces Littérateurs augustes qui appellent union fraternelle la confédération des amours-propres ; qui se croient tolérans, parce qu'ils font des phrases sur la tolérance , & se figurent qu'ils sont utiles , parce qu'ils persécutent irrémissiblement tout ce qui ne pense pas comme eux. Non, Madame , je ne voudrois pas jurer que mon faiseur d'Epigrammes ne fut un personnage presqu'important. Quoi qu'il en soit , je l'abandonne à la peine d'avoir été sans fruit méchant & lâche. Il s'est jugé lui-même , en, ne se nommant pas , & puisqu'il se cache... il est puni.

Je n'ai appuyé sur ces circonstances, que pour vous faire suivre la marche des gens qui s'appliquent à traverser la mienne , & pour vous développer les menées sourdes, dont ils font ou les Artisans très-actifs , ou les très-prudens Instigateurs.

Vous m'écriviez , il y a quelque tems , qu'ils me reprochoient de ne pas sentir assez vivement le mérite de nos Ecrivains distingués. Il est certain que je ne suis pas le Panégyriste de tous ces Ouvrages fameux, qui semblent autant de défis contre le bon sens, le naturel , l'éloquence & la clarté : mais quelle occasion ai-je laissé échapper de vanter avec transport les belles Tragédies de notre Sophocle, ses Romans, ses Pièces fugitives, qui laissent si loin derrière lui les Chapelle & les Chaulieu , l'admirable versification de la Henriade, la gaîté originale de la Pucelle, cette foule de chef-d'œuvres qui tiennent lieu à la France dans un seul homme, des différens génies dont les autres Nations s'enorgueillissent. Quand m'est-il arrivé de prononcer froidement les noms chers & respectés de l'éloquent Auteur d'Emile, du Peintre magnifique qui joint à la vaste ordonnance de Pline , le coloris brillant de Lucrèce , de ce Littérateur à qui nous devons la touchante Didon, des Odes sublimes , des Dissertations aussi solides qu'intéressantes ; de ce Savant aimable , qui répand sur la discussion la chaleur du génie , & dont la conversation même est une poétique instructive pour ceux qui savent l'écouter. N'ai-je pas rendu vingt fois justice à ce Rival de l'Albane, qui le premier & le seul orna notre Scène d'une foule de Miniatures immortelles , & qui n'a rien écrit que n'aient inspiré le goût , les graces & la raison ;

à cet inimitable Ecrivain, qui dans la Comédie du *Méchant* a prouvé que notre langue que l'on croyoit fixée, étoit encore fufceptible de tours nouveaux, & de nouvelles délicateffes; à cet Orateur plein d'énergie, de hardieffe & de courage, qui, en peignant Defcartes, s'eft élevé à la hauteur de fon modèle, à ce Philofophe vrai, qui, apportant la lumière dans les ténèbres de la Métaphyfique, fçut nous ouvrir le fanctuaire des connoiffances humaines; enfin, à ce Solon de nos jours, qui dépouille la politique de fes fineffes meurtrières, pour la ramener aux principes éternels de la droiture & de la bienfaifance, & qui nous a donné fur les négociations un Livre qu'un grand Miniftre appelloit le Bréviaire des Hommes d'Etat.

Quand les *fauffes infidélités* parurent, qui plus que moi, applaudit à leur ingénieux Auteur? Quand M. le Mierre donna fon Poëme fur *la Peinture*, Ouvrage plein de verve, de chaleur, & de Vers qui font reftés, qui, plus que moi, le défendit contre l'injuftice? Combien de fois, Madame, m'avez-vous entendu parler avec enthoufiafme du talent enchanteur de M. Colardeau! combien de fois n'ai-je pas foutenu avec le plaifir le plus vrai, qu'après Racine & M. de Voltaire, il étoit de tous nos Poëtes, celui qui avoit mis le plus de charme, le plus d'élégance, de fenfibilité, de grace & d'intérêt dans fa verfification. Ses Admirateurs (foi-difans Bénévoles) ont voulu le faire paffer pour un fimple Traducteur : mais, il eft loin d'en être réduit à ce mérite, fi oppofé au libre effor qui diftingue le véritable Poëte. Il n'a rien écrit qui annonce la fervitude. Quand il lui a plu d'imiter, la copie conferve alors l'efprit, le feu, l'ame de l'Original. Je l'ai dit, parce que je l'ai penfé. J'ai toujours fçu louer avec franchife & fans aucun retour fur moi-même, ce qui m'a vivement frappé dans les autres. J'ai connu l'émulation, jamais la jaloufie. Que je le plains, l'être infortuné qu'importunent les fuccès d'autrui ! Périffe en moi le malheureux talent d'écrire, avant que, même dans un revers, je m'abaiffe affez pour envier le triomphe de mes Rivaux !

Telles font, Madame, les idées fi fouvent répandues dans nos entretiens, tant de fois confirmées par mes actions. N'importe. Interrogez nos Sages ; ils me peindront toujours comme le plus fuperficiel, & le plus frivole des hommes. Je n'ai de réponfe que ma conduite.

Depuis que je cultive les Lettres, ma frivolité prétendue ne s'eft laiffée corrompre ni par le fanatifme des Sectes, ni par le fuccès des opinions nouvelles, ni par l'appas de cette vogue féduifante qui fuit toujours les partis prédominans : ma frivolité, contente de la bienveillance publique, n'a brigué aucune de ces récompenfes littéraires, qui ceffent d'être flatteufes, dès qu'on les follicite ; ma frivolité a pratiqué tout ce qui eft honnête, a refpecté tout ce qui eft refpectable ; elle ne m'a point empêché de conferver d'anciens amis, & d'en acquérir de nouveaux, qui éléveront toujours la voix, quand on attaquera mes fentimens ; ma frivolité a donné l'exemple d'une fincérité courageufe, dans les momens où je ne fais quel démon ennemi fembloit avoir déchaîné l'adulation : enfin ma frivolité n'a jamais pu détruire, ni même affoiblir en moi ces principes inaltérables, que dans certains fiècles on a quelque peine à pardonner.

Je ne vous ouvre ici mon cœur tout entier, que parce qu'on a voulu le rendre fufpect, &

je souhaite que nos Sages, nos Législateurs, nos Moralistes, nos Aristarques, nos grands Hommes, qu'enfin les Précepteurs du monde, déploient, soit en agissant, soit en écrivant, une honnêteté plus franche, plus d'amour pour la vérité, de mépris pour la fortune, de zèle pour l'amitié, sur-tout plus d'horreur pour toute espèce d'inquisition, qui me paroîtroit d'autant plus coupable qu'au centre des lumières elle marcheroit un bandeau sur les yeux, & d'autant plus dangereuse, que, secouant d'une main le flambeau de la haine, elle tiendroit, de l'autre, le masque de l'humanité.

C'est d'après tout cela, Madame, que j'ai si souvent accusé l'Etoile qui m'a poussé dans une arêne, où les écarts de l'esprit pourroient nuire à la longue aux qualités du cœur ; où les succès mêmes attristent, où certains Athlètes déshonorent le prix qu'ils disputent, ne cueillent que des lauriers flétris, n'arrachent qu'une célébrité dégradante, & descendent dans le tombeau, sans qu'il s'en échappe un seul rayon de gloire qui fasse souvenir qu'ils ont vécu.

Heureuse la carrière où l'on pourroit se

dire ! « Mon exiftence ne pefe à perfonne,
» mon nom ne réveille que des fentimens
» doux. Si j'obtiens quelque bonheur, il ne
» fera point couler de larmes : il ne fera point
» le fignal de l'inimitié ».

Ces vœux, bien fincères de ma part, font
hélas ! bien chimériques. Mais je puis au
moins répondre de moi. Je ne hais point
ceux qui m'ont nui. Pourquoi hairois-je ceux
qui me nuiront ? Je ne fentirai avec amertume que le regret de ne pouvoir leur être
utile.

Pardon, Madame, mille fois pardon, fi
je vous ai ennuyée de ces complaintes. Je le
répète ; il m'étoit important de me juftifier
à vos yeux des reproches dont on m'accabloit.
Après plufieurs années de patience, il n'eft
pas étonnant qu'elle fe laffe ; &, fi je me
fuis permis quelques traits durs & paffionnés,
je les défavoue avec autant de joie que peut-
être il m'en a coûté d'efforts pour les écrire.
Ce n'eft que par la douceur & la modération qu'on peut prétendre à votre eftime. Je
mets mon orgueil à la mériter. Eh ! qui fait,
mieux que moi, combien votre ame eft
belle ! Puiffe un rayon de cette ame célefte

étinceller dans la mienne , & la garantir des foibleſſes que l’amour-propre ſuggère quelquefois , mais que jamais il n’autoriſe !

Que vous reſſemblez peu à ces Etres factices , à ces Femmes impérieuſes & froides , qui ſe guindent pour être quelque choſe , ſe ſingulariſent pour qu’on les cite , en impoſent par la morgue , au lieu d’attirer par les graces , renoncent aux privilèges de leur Sèxe , pour s’emparer , en quelque forte , de tous les travers du nôtre , étouffent la fineſſe de leur taĉt ſous un cahos d’idées fauſſes & embarraſſées , préfèrent un cercle de connoiſſances à une ſociété d’Amis , l’étalage d’un Théâtre , aux douceurs de l’intimité , & finiſſent par ne retrouver dans leur cœur aucune de ces impreſſions naturelles , de ces affections tendres qui font les délices de tous les âges , & font la ſource de tous les plaiſirs.

Chez vous , l’amour des Lettres n’eſt que l’expreſſion vraie d’une ſenſibilité délicate , non l’aride combinaiſon de la vanité. Vous aimez mieux développer en vous des penchans eſtimables , que de vous répandre hors de vous par des prétentions ridicules. Voilà pourquoi votre goût à tant de juſteſſe. Il ne

flotte point au gré des opinions, il n'obéit
point à des mouvemens étrangers, il n'eſt
point offuſqué par les haines à la mode; il
appartient à votre ame; il eſt puiſé dans la
nature; en un mot, il reſſemble à vos
vertus.

ODES, POËMES,

TRADUCTIONS.

PREMIER LIVRE.

C. P. Marillier del. 17..
C. S. Gaucher, ex Acad. Art. Lond. inc.

LE NOUVEAU REGNE.

ODE
A LA NATION.

LIVRE PREMIER.

L'œIL sombre & menaçant, quelle horrible Euménide,
Promenant dans les airs son char contagieux,
Des vapeurs du Ténare enveloppe les Cieux !
Cent dards empoisonnés arment sa main livide.
Des funèbres oiseaux la gémissante voix
L'appelle sur les tours du Palais de nos Rois.
Arrête, monstre impur ; n'achève pas ton crime,
Et recule à l'aspect de l'auguste Victime.
Que vois-je, tu descends ! coup affreux ! jour de deuil !
Sous la sanglante faulx LOUIS chancelle & tombe :
Un long & pâle éclair a brillé sur sa tombe,
Elle s'ouvre.... Et le trône a fait place au cercueil.

FRANCE, dans ton malheur vois l'appui qui te reste.
Sous un autre LOUIS, qu'annoncent les bienfaits,
Les lys vont refleurir à travers les cyprès,
Il va te consoler d'une perte funeste.
Dieu, soutien des Bourbons, ne l'abandonnez pas !
O barrières du trône, ouvrez-vous sous ses pas !...
Il vient ; il les franchit ... tout-à-coup le tonnerre
Eclate dans la nue, & fait trembler la terre.
Le front ceint de rayons, de feux resplendissants,
Sous le dais du Monarque un phantôme s'avance,
C'est son Pere !... il lui parle, & le Prince en silence
Prête une oreille avide à ses nobles accents.

« O MON fils, mon cher fils, digne objet de mon zèle,
» Le monarque des Rois, le Dieu de tes ayeux
» Me permet aujourd'hui de paroître à tes yeux.
» Je quitte pour toi seul ma demeure immortelle.
» Tu vas régner, frémis : envié par l'orgueil,
» Le rang où tu t'assieds n'est qu'un superbe écueil.
» Des Syrènes des Cours la rampante souplesse
» Va de piéges sans nombre entourer ta jeunesse :
» On n'osera t'instruire ; on saura te flatter.
» Des lâches corrupteurs l'éloquente imposture
» D'un cœur ami du bien peut tromper la droiture.
» Tremble..& connois le trône avant que d'y monter.

» Au-dessus eſt la foudre, au bas eſt un abîme. 
» Le Menſonge y répand une profonde nuit.
» L'Erreur vient s'y placer ; la volupté la ſuit.
» A leurs profanes yeux tout paroît légitime.
» De l'importun devoir le nonchalant oubli
» Endort au milieu d'eux le Monarque avili.
» Ferme, ferme l'oreille à leurs accents perfides.
» Accueille les vertus quelquefois trop timides.
» Le dernier citoyen n'eſt point à dédaigner.
» On révère les loix que l'équité diſpenſe ;
» La politique habile affermit la puiſſance :
» Mais l'humanité ſeule apprend à bien régner.

» Ah ! laiſſe tes Sujets t'aborder ſans allarmes ,
» T'offrir dans leurs regards, qui ſe tournent vers toï,
» Les gages ſi touchans de la bonté d'un Roi ,
» Te montrer leur ivreſſe, ou t'apporter leurs larmes.
» Au comble des honneurs, objets d'un vain deſir ,
» L'ame ſoupire encore & demande un plaiſir.
» Elle veut un bonheur plus pur & plus durable.
» Il n'en eſt qu'un, mon fils , qui ſoit inépuiſable ;
» C'eſt d'éloigner la crainte & d'inſpirer l'amour.
» Sois gardé par lui ſeul , jouis de ſon délire ;
» Qu'une foule d'heureux, vrai ſoutien d'un Empire,
» Soit un luxe nouveau réſervé pour ta Cour !

A iij

» Interroge ſur-tout ces Vieillards reſpectables ,
» Dont la ſageſſe active a médité les loix ,
» Connu les vœux du Peuple & les fautes des Rois ,
» Et des événemens les leçons redoutables.
» La vérité leur plaît , & ſon flambeau ſacré
» Dans leurs paiſibles cœurs porte un jour épuré.
» L'ambition chez eux , ſatisfaite ou trompée ,
» Témoin de l'art des Cours , n'en eſt plus occupée.
» Leurs conſeils t'aideront à régir les humains ,
» Et , marquant les écueils , leur utile génie
» Lancera ſur les flots d'une mer applanie
» Le vaiſſeau de l'Etat , dirigé par tes mains.

» Loin de toi ces mortels , dont l'inſolente audace
» A monté par la brigue au faîte des honneurs.
» Pour couvrir leur néant , il leur faut des grandeurs.
» L'or public s'amoncelle & tarit ſur leur trace.
» Leur ſublime talent n'eſt que l'art d'intriguer ;
» Leur ſeule politique eſt de tout prodiguer.
» De ſpécieux dehors couvrent leurs injuſtices.
» Achetant des amis , ils n'ont que des complices.
» Ils engloutiſſent tout par un trafic honteux.
» Souvent même leurs mains , par de lâches adreſſes ,
» Détournent de Cérès les ſolides richeſſes ,
» Et la fertilité diſparoît devant eux.

» De leur joug tyrannique affranchis la Nature.
» De l'Art qui la féconde assure les progrès.
» Le trésor de l'Etat germe dans les guérêts ;
» Protége le Mortel qui veille à leur culture.
» Quel bonheur, ô mon fils, quel triomphe pour toi,
» Lorsque le Laboureur, sans trouble & sans effroi,
» Chérissant de ses jours l'heureuse destinée,
» Recueillera sa part des tributs de l'année !
» Quand les plus durs travaux lui paroîtront un jeu ;
» Lorsqu'entouré d'enfans, appuis de sa vieillesse,
» A l'aspect des moissons, ses hymnes d'allégresse
» Béniront à la fois son Monarque & son Dieu !

❊

» Ce Dieu te voit, te suit, & te sera propice.
» Pour affermir ton trône, affermis ses autels.
» Comptable devant lui du bonheur des Mortels,
» Tu leur dois les secours de ta main protectrice.
» De l'Empire François ramène les beaux jours ;
» Que les Arts consolés y fleurissent toujours.
» Ranime le pinceau des modernes Apelles ;
» Sur ces bords embellis retiens nos Praxitelles.
» Distingue tout écrit, noble & simple à la fois,
» Dont la morale est pure, où la Philosophie,
» Posant une barriere aux écarts du Génie,
» Plaide pour les Sujets, sans insulter aux Rois.

❊

A iv

» Fonde des monumens vainqueurs de tous les âges;
» Ennoblis le préfent & foumets l'avenir.
» Que ton nom, reproduit dans un long fouvenir,
» Soit adoré du Peuple & refpecté des Sages!
» Egaux en expirant, le Prince & le Sujet
» Ne fauvent de la mort que le bien qu'ils ont fait.
» Il refte à l'univers, il vit dans la mémoire,
» Et leur trépas alors eft le fceau de leur gloire.
» Pénètre-toi, mon fils, de cette vérité;
» Agis, fois vertueux, plains ces triftes Monarques,
» Qui, morts, & dépouillés de leurs frivoles marques,
» Ne laiffent que leur cendre à la Poftérité ».

L'ombre fuit à ces mots, &, traçant après elle
D'un météore ardent le fillon lumineux,
Elle s'envole & monte au féjour des heureux,
Où les Rois ont leur juge, où fon Dieu la rappelle.
Avec le faint effroi d'un cœur religieux,
Le Monarque s'incline en invoquant les Cieux.
« Arbitre Souverain, qui m'élevez au trône,
» Apprenez-moi, dit-il, à porter la Couronne.
» Dirigez mon efprit, fortifiez mon cœur,
» Gravez-y les confeils que m'a donnés mon père;
» Détachez de fon front un rayon qui m'éclaire,
» Et qu'un Peuple chéri me doive fon bonheur!

O mon Maître, ô mon Roi, déjà le Ciel t'écoute
Il échauffe ton ame, il remplira tes vœux ;
Sur les dangers du trône il ouvrira tes yeux,
Et l'Ange de l'Empire applanira ta route.
Ce fceptre fi pefant, objet de tes frayeurs,
Ton augufte Moitié l'entrelace de fleurs.
Ah ! combien fes vertus parent le diadême !
On refpecte le rang ; c'eft la bonté qu'on aime.
La bienfaifance en elle eft unie aux attraits.
Elle eft de fes Etats l'ornement & l'exemple.
Couple heureux & facré, que l'univers contemple,
Vous allez partager les cœurs de vos Sujets.

Voyez-les accourir, chercher votre préfence,
Vous exprimer leurs vœux par leurs cris éloquens ;
Voyez tous les tréfors des vergers & des champs,
Que dépofe à vos pieds la prodigue Abondance.
Les mères à l'envi, s'empreffant fur vos pas,
Vous montrent à leurs fils fufpendus dans leurs bras.
Les Vieillards, qu'intéreffe un règne à fon aurore,
Vous préfentent des fronts que la gaîté colore.
A votre afpect touchant le peuple s'attendrit ;
Près de vous il ignore une crainte importune.
Le bienfaifant efpoir adoucit l'infortune,
Et fous fes humbles toits la Pauvreté fourit.

Pour moi, plein de respect & d'amour & de zèle,
Moi, que de vils accents n'ont point déshonoré,
Fier d'un foible talent qui vous fut consacré,
Je vous offre en tribut un cœur pur & fidele.
Je ne briguai jamais la volage faveur.
Cultivant loin des Cours un art consolateur,
D'un empire naissant je chante les prémices.
J'adore des vertus qui feront nos délices.
Du bonheur de l'Etat sçachant faire le mien,
A ses jeunes appuis j'adresse un libre hommage,
Et je mourrois heureux, en contemplant l'image
D'une Reine sensible & d'un Roi citoyen.

L'EMPIRE
DES PRÉJUGÉS.

ODE.

Que la raifon de l'homme, incertaine & tardive,
S'affranchit lentement du joug qui la captive !
L'Erreur à chaque inftant prompte à nous égarer,
Abjure l'art qui fert pour celui qui peut nuire,
Et les foibles mortels, hardis pour fe détruire,
  Tremblent de s'éclairer.

Faut-il forger l'acier en glaive parricide,
De l'airain bouillonnant faire un tube homicide ;
Servir ces Deftructeurs, qu'ils nomment des Héros ?
Aveugles inftrumens, déjà leurs mains font prêtes ;
Ils aiguifent le fer qui fait tomber leurs têtes
  Aux pieds de leurs Bourreaux.

MAIS, s'il faut ou combattre ou fléchir l'injuſtice,
Prévenir un malheur, déraciner un vice,
Eclaircir des abus le chaos ténébreux :
La coutume arrogante, ou la crainte infidelle
Repouſſe, en frémiſſant, la lumiere nouvelle,
      Qui nous rendroit heureux.

SUR le temps appuyée, en vain l'Expérience
Oſe des droits de l'homme embraſſer la défenſe :
Que peut un Sage, hélas ! contre mille impoſteurs ?
Sous la garde des loix le préjugé circule :
On atteſte le Ciel, & la Terre crédule
      Punit ſes Bienfaiteurs.

COMBIEN d'infortunés, qu'aujourd'hui l'on encenſe,
Ont baigné de leur ſang l'autel de l'Ignorance !
Que n'eut point à ſouffrir l'auguſte Vérité ?
Le poiſon, les poignards ſont dirigés contr'elle :
A ſes concitoyens Socrate la révèle ;
      Il meurt perſécuté.

DESCARTES prouve un Dieu : foudain le Fanatifme
Vient, la torche à la main, l'accufer d'athéifme.
De l'axe du Soleil démontrant le repos,
Le fameux Galilée eft déclaré coupable,
Et l'on couvre d'affronts un vieillard vénérable,
    Blanchi dans les travaux !

O MALHEUREUX Humains ? l'habitude indocile
Punira donc toujours le defir d'être utile !
Eh ! ne voyons-nous pas cent détracteurs ingrats
Contre un Art bienfaifant s'armer avec furie
Pour ce monftre hideux qui, né dans l'Arabie,
    Vint fouiller nos climats ?

DANS fa première fleur il flétrit la Jeunefle ;
Il moiffonne l'Enfance, il atteint la Vieilleffe ;
Il n'épargne beautés, vertus, âges, ni rangs :
De fes poifons fubtils la rapide influence
Corrompt la terre & l'air, le toît de l'Indigence,
    Et les lambris des Grands.

Oɴ l'a vu , j'en frémis , interrompant nos Fêtes ,
S'élancer tout-à-coup fur les plus nobles Têtes ,
Dans le même cercueil les plonger à la fois ;
Joindre au plus tendre Epoux fon Epoufe chérie ,
Et ravir à l'amour , aux vœux de la Patrie
　　　Les Enfans de nos Rois.

Nʼɪᴍᴘᴏʀᴛᴇ , il peut frapper , entaffer fes Victimes ,
Et combler de la Mort les dévorans abîmes.
Cette terre plaintive eft vouée aux fléaux ,
Et , d'un bras inflexible écartant notre égide ,
Pour nous dicter fes loix , l'Opinion ftupide
　　　S'affied fur des tombeaux.

Mᴏɴᴀʀǫᴜᴇs , c'eft à vous de renverfer l'Idole.
La plainte des Sujets n'eft qu'une arme frivole ;
Le Peuple en vain gémit fous le joug abattu :
Mais l'exemple peut tout lorfqu'un Prince le donne ;
Les Rois forment nos mœurs ; tout émane du Trône ,
　　　Le vice & la vertu.

AH ! la vertu renaît : nos progrès vont éclore.
Ils luiront ces beaux jours dont j'apperçois l'aurore.
Le pouvoir moins aveugle en fera plus facré.
Je vois fuir les erreurs qu'adoptoient nos Ancêtres,
Et l'Univers plus libre aimera mieux fes Maîtres
　　　Qui l'auront éclairé.

FLAMBEAU de la Raifon, organe du Génie,
Confole nos climats, douce Philofophie,
Qu'ofent déshonorer de barbares crayons !
De tes faux Sectateurs chaffe la foule obfcure,
Fais chérir les Vertus, & pourfuis l'Impofture,
　　　Du feu de tes rayons !

DÈS que tu règneras, une crainte fervile
Ne dégradera plus le citoyen utile.
Les Rois fe livreront à des confeils plus vrais ;
Et leur autorité, plus fage & plus folide,
Ne facrifiera point au préjugé timide
　　　Le bonheur des Sujets.

Des Phidias alors les ciſeaux énergiques
De Buſtes révérés orneront nos Portiques.
Le bronze nous rendra les traits de la Bonté ;
Et les Arts réunis pour embellir la France
Dreſſeront deux Autels, l'un à la TOLÉRANCE,
        L'autre à la VÉRITÉ.

L'HARMONIE.

L'HARMONIE.
ODE,
IMITÉE DE DRYDEN.

SOUS un pavillon d'or, ALEXANDRE vainqueur,
  Dans une Fête magnifique,
Déployant des plaisirs la pompe pacifique,
Aux charmes du repos abandonnoit son cœur.
  Le Héros tel qu'un Dieu raïonne.
Des fleurs & des lauriers composent sa Couronne ;
  Les Vaincus cherchent son appui,
  Son front annonce la clémence,
  Et ses Courtisans en silence
  Se sont rangés autour de lui.

Au milieu des parfums & des présents de Flore ;
Brillante de sa gloire, assise à ses côtés,
  Thaïs est semblable à l'Aurore,
Quand de son doux éclat l'horizon se décore ;
Et reçoit la lumière à flots précipités.

B

L'œil étincelant du délire
Qui presse & tourmente son sein,
Timothée a touché la lyre,
Tout ressent son pouvoir divin.
Il s'agite, il menace, il tonne.
Le chœur des Muses l'environne
Dans un muet recueillement.
Sa cadence lente ou pressée,
Devient l'écho de la pensée,
Ou l'organe du sentiment.

DANS ses premiers accords il peint l'amant d'Alcmène,
Dont sur les vastes cieux le regard se promène.
Tantôt il est armé de ses carreaux brûlants ;
Il vole, soutenu sur son aigle intrépide ;
Et tantôt, d'une Nymphe adorateur timide,
Il fait taire autour d'elle & la foudre & les vents.

Sous la pourpre & l'or mobile
D'un serpent audacieux *,
Il lève une tête agile ;
L'éclair brille dans ses yeux.

---

* Olympias, mère d'Alexandre, fut aimée de Jupiter sous la
forme d'un serpent.

Mais déjà dans le sein de la Beauté qu'il aime,
L'Immortel a gravé l'image de lui - même.
Ainsi le Chantre ému célébroit leurs transports ;
Il consacroit du Dieu les ardeurs renaissantes,
Et par de longs éclats les voûtes frémissantes
      Répétoient ses accords.

    LA CYMBALE sonne,
    Le pampre verdit,
    Le hautbois résonne.
    Autour d'une tonne
    Où le vin bouillonne ;
    L'Egypan bondit.

    LE TYGRE infidèle,
    En lesses de fleurs,
    A pour conducteurs,
    Les Amours trompeurs,
    Dont le pas chancelle,
    Parmi les vapeurs
    Du Fils de Sémèle.

    S'ARMANT de flambeaux,
    La folle Bacchante,
    Agile & bruyante
    Descend des côteaux.

Humides d'ivreſſe
Ses yeux tour-à-tour
Peignent l'allégreſſe,
Le trouble & l'amour.

Le brûlant Satyre,
Qui bientôt l'atteint,
Enflamme ſon teint
Du feu qui l'inſpire.
Leurs cris confondus
Font trembler la plaine ;
Tous deux hors d'haleine
Tombent éperdus
Aux pieds de Silène,
Bégayant à peine
Une Hymne à Bacchus.

O Puissance de l'harmonie !
C'eſt lui-même ; il paroît : c'eſt Evan plus ſerein.
L'Amour naît de ſes jeux ; la joie eſt ſon génie,
La coupe des plaiſirs étincelle en ſa main.
Erigone s'y déſaltère ;
Elle y boit le nectar des Dieux,
Et le feſton du même lierre
Au fond du même char les enchaîne tous deux.

Qu'entends-je ? Tout-à-coup le divin Timothée
Exhalant avec art les fons de la terreur,
Du Dieu des Conquérans exprime la fureur.
Il le peint triomphant du rebelle Penthée ;
 Imprimant une fainte horreur
 A la Nature épouvantée,
Aux rives de l'Indus plantant fes étendards,
Ofant fuivre de Mars les fougues imprudentes ;
Et pouffant, l'œil en feu, fes panthères ardentes
Sur les corps palpitans de cent monftres épars *.

 Du Héros les regards s'allument ;
 Il entend hennir les courfiers ;
 D'Arbelle il voit les champs qui fument
 Du fang d'innombrables Guerriers.
 Au cri de l'Honneur qui murmure,
 Il cherche, il faifit fon armure,
 Se tranfporte aux plaines d'Iffus ;
 Et, dans des tourbillons de poudre,
 Il croit encor lancer la foudre
 Dont il écrafa les vaincus.

Tandis que défiant le Ciel, l'Onde & la Terre,
 Il s'abandonne aux horreurs de la guerre

---

* Bacchus combattit les Géans.

Et du carnage dévorant :
Traînant les tons plaintifs d'une lente harmonie,
Le Chantre, par dégrés, défarme la furie
  Et la fierté du Conquérant.

  Vois Darius fur la poufſière
Triſtement étendu, reſpirant à demi ;
Il tombe !... &, pour fermer ſa mourante paupière,
  Il n'a pas un ami.

  Il tombe de ce trône antique,
Elevé juſqu'aux Cieux par l'orgueil des Perſans,
  Et le ſombre écho du Granique
Prolonge de la mort les lugubres accens.

D'un Prince infortuné la famille tremblante
Le redemande en vain par ſes cris douloureux,
Et vient envelopper d'une pourpre ſanglante
  Ses reſtes malheureux.

  Emu par ces accords funèbres,
  Son Vainqueur plus infortuné,
  Le ſuit à travers les ténèbres
  Dont il ſe croit environné.

Sur les drapeaux de la Victoire
Il détefte, il maudit fa gloire ;
Du Sort il déplore les jeux :
On éloigne, on fouftrait fes armes ;
Et l'on voit les premières larmes
Couler, malgré lui, de fes yeux.

A L'AMOUR la pitié nous mène.
Le nouvel Amphion, d'une favante main,
Imite avec plus d'art la voix d'une Sirène,
Invitant à jouir le Héros plus humain.

GRAND Prince, confolons la Terre,
La Volupté t'ouvre les bras :
Je la vois, dans fes doux combats,
Eteindre, en riant, ton tonnerre.
La Gloire, idole menfongere,
Eft l'ombre qu'on ne peut faifir ;
Et tous les lauriers de la guerre
Ne valent pas un myrte du Plaifir.

O TRANSPORT! ô bonheur! le fuperbe Alexandre,
L'œil ferein, le cœur enchanté,
Vers la jeune Thaïs jette un regard plus tendre,
Et tombe, en foupirant, aux pieds de la Beauté.

B iv

De la Beauté qui le caresse
Il savoure à longs traits le charme séducteur ;
L'Amant est couronné des mains de la Mollesse,
Il semble importuné des palmes du Vainqueur.
Sous des roses l'Amour cache ce cimeterre,
  La terreur du monde allarmé ;
Et le Fils de Philippe, adouci, désarmé,
Sur le sein de Thaïs languissamment préfère,
A l'orgueil d'être craint, le bonheur d'être aimé.

LES BORDS
DE LA LOIRE.

Ainsi donc , changeant de pinceau ,
Ma Muse docile & volage ,
Va pour toi de notre voyage
Crayonner le léger tableau :
Ainsi , de l'absence barbare
Je m'adoucirai les rigueurs ;
Et je semerai quelques fleurs
Sur l'espace qui nous sépare.
L'amitié , si tendre & si rare ,
Détrempe en riant mes couleurs :
Puissé-je , secondé par elle ,
Hériter de l'air familier ,
De cette grace naturelle ,
Du ton gaîment irrégulier ,
Et de la verve de Chapelle ,
Que Chaulieu seul fit oublier !
Tout est prêt , nos coursiers hennissent ,
L'Aurore annonce un jour brillant ,

Et fur les pavés qui gémiffent,
La roue étincelle en roulant.
   DÉJA dans notre courfe agile
Nous voyons fuir ces beaux remparts,
Où fleurit fous un Ciel tranquille,
Ce Peuple aimable, ami des Arts;
Tantôt grave, tantôt futile,
Par cent tourbillons emporté;
Agitant d'une main légère,
Les hochets de la nouveauté;
Frivole & gai par caractère,
Et raifonneur par vanité.
Déjà l'atmofphère eft plus pure,
Et de nos Palais radieux
Nous quittons l'or faftidieux,
Pour les tréfors de la Nature.
O lieux! ô rivages chéris!
Fleuve enchanté! fuperbe Loire!
Jamais, jamais tes bords fleuris
Où Cérès, le front ceint d'épis,
Etale fa pompe & fa gloire,
Le cours paifible de tes eaux,
Ces près, ces bois & ces côteaux
Ne fortiront de ma mémoire!...
   QUELS feux colorent l'horizon!
O Dieux! quelle belle foirée!
Du Soleil le dernier rayon,

Jouant fous la voûte azurée,
Ne peut quitter cette contrée,
Malgré l'ordre de la faifon.
Son or & fa pourpre mobiles,
Au fein des flots font réfléchis ;
La préfence de deux Amis
L'a retenu fur ces afyles.

ENFIN fon difque éblouiffant
Gliffe fous un autre hémifphère ;
Et Phébé vient en rougiffant
Nous prêter fa douce lumière.
Pleins de ces utiles objets,
Offerts par des plaines fécondes,
Qu'arrofent les plus belles ondes,
Où règne une touchante paix,
Nous nous difions : que ce rivage
Du bonheur nous peint bien l'image !
Ici, rien attrifte les yeux.
O Ciel ! dans un fi court voyage
Aurions-nous trouvé des heureux ?
Déployant fon luxe fertile,
Ce pays, partout habité,
Eft partout riant & tranquille :
N'eft-il point encore dévafté
Par l'avarice de la Ville ?
Infpirés par l'humanité,
Nous chériffions de fi doux fonges ;

Au défaut de la vérité,
Il faut embraffer des menfonges.
    Du récit j'obferve les loix ;
Quand on conte il faut aller vîte :
Je ne t'arrête point au gîte,
Et je touche aux remparts de Blois.
Déja s'élève dans la nue
Cet Amphithéâtre vanté,
Qui, par la Loire répété,
Satisfait doublement la vue,
Et s'annonce avec majefté:
Tu connois ce Châtel antique
Que fit bâtir François Premier ;
Mazure bizarre & gothique,
Mais qu'il ne faut point oublier ;
Surtout , fon Concierge fidèle
Mérite bien d'être cité :
C'eft un Monfieur tout plein de zèle
Et très-civil en vérité.
Bien gravement il vous promène ;
Et puis, le voilà plein d'ardeur,
Qui foudain, fans reprendre haleine,
Vous dit tout fon château par cœur.
    MAIS , laiffons-là fon verbiage :
Qu'avec plaifir j'ai contemplé
Ce Séjour * refpecté par l'âge,

____

* La Salle où fe tenoient autrefois les Etats,

Où l'on vit jadis affemblé
Un vénérable Aréopage !
Dans ce noble afyle autrefois,
L'altière & vaillante Nobleffe
Orgueilleufe de fes exploits :
Et le Clergé, dont la fageffe,
Au nom du Ciel, dicte fes lois,
Et le Peuple immolé fans ceffe,
Pefoient & défendoient leurs droits.
Aujourd'hui, c'eft dans ce lieu même
Que, le jour penchant vers fa fin,
Des Blefoifes le jeune Effaim
Vient rendre hommage au Dieu fuprême,
Qui tient un flambeau dans fa main.
L'obfcurité les favorife.
Sous ces lambris filencieux
Chaque colonne a fa devife,
Ses vers, & fon chiffre amoureux.
Les Mères en font exilées,
On n'entend que tendres foupirs :
Et ces voix inarticulées,
Organes confus des plaifirs.
L'Amour dans les airs s'y balance,
A ces jeux applaudit tout bas ;
Et rit de tenir fes Etats
Où fe tenoient ceux de la France.

QUITTANT à regret ce féjour,

Enfin nous entrons au Village :
Une aimable & champêtre Cour
Vient nous offrir un simple hommage,
Des cœurs purs, des fronts sans nuage ;
Doux tributs qu'on rend à son tour.
Maître Colas, & Maître Pierre,
Bons Auvergnacs, remplis de sens,
Très-peu versés dans la Grammaire,
Prononcent leurs lourds complimens,
Bien incultes, bien éloquens,
Bien au-dessus du fade encens
De la politesse ordinaire.
Oui, j'aime mieux ces vrais humains,
Ne soignant jamais leur langage,
Que ces discoureurs enfantins,
Toujours enchaînés par l'usage ;
Se passionnant sans chaleur ;
Que rien n'attendrit & ne touche ;
Qui vous disent avec la bouche
Ce qu'il faut dire avec son cœur.
　Déja le flageolet gothique
A donné le signal des jeux ;
Et de l'allégresse rustique
L'éclat brille dans tous les yeux.
On se mêle, on choisit sa place ;
Par instinct on va s'embrasser :
Déjà chaque main s'entrelace,

Et le grand rond va commencer.
De cris joyeux le Ciel réfonne :
Colinette, pour refufer
Ce que pourtant Life abandonne,
Attrappe en courant un baifer,
Qu'en riant Mathurin lui donne.
Sans trop fonger aux Spectateurs,
On fait faire un faut à Perrette.
Zéphir, qui dans les airs la guette,
L'expofe aux regards des railleurs.
Perrette ignore la décence,
Ne fait point qu'il faut fe fâcher,
Et croit n'avoir rien à cacher
Parce qu'elle a fon innocence.
Plus loin, des grouppes de Buveurs
S'en vont trinquant fur une tonne,
Qu'une branche verte couronne :
Le vin ruiffelle fur les fleurs.
Des Vieillards affis fous l'ombrage,
Semblent ranimer leur langueur :
Leur front tout fillonné par l'âge,
Reprend la vie & la couleur.
La joie a paffé dans leur âme,
Ils fe rappellent leur printemps ;
Et leur œil prefqu'éteint s'enflâme
De la gaîté de leurs Enfans.

COMPARONS à ce Bal ruftique

L'apprêt de nos Bals faftueux ;
Notre danfe foporifique ;
Nos quadrilles fi langoureux ;
Et notre ennui fi magnifique !...
Et notre effort pour être heureux.
   Loin des cirques de la folie
Je puife ici des goûts nouveaux.
J'aime la pente des côteaux,
D'où l'œil commande à la prairie,
Où ferpentent mille ruiffeaux.
Soit que l'Aftre du jour achève
Le cours qu'il décrit dans les airs ;
Ou, foit que l'Aurore foulève
Le grand rideau de l'Univers.
Mon ame fans ceffe exercée,
Eft même active en fes loifirs,
Et, par la volage penfée
J'ai l'art de fixer mes plaifirs.
Dans la retraite folitaire
Le cœur eft prompt à s'enflâmer :
A la ville on ne veut que plaire ;
C'eft dans les champs qu'on veut aimer.
Après les frivoles tendreffes
De nos élégantes beautés,
Ce long commerce de foibleffes,
D'ennuis & d'infidélités.
Combien il eft doux pour le Sage

De

De s'envoler dans les forêts,
Et de lutiner les attraits
De quelques Nymphes de Village !
FRAÎCHE rivale du printemps,
Toi, qui n'eus besoin pour me plaire
Ni de beauté, ni d'ornemens,
Garde bien ta candeur si chère,
L'abandon de tes sentimens,
Ta démarche vive & légère,
Tes mœurs, ta grâce & tes sermens.
Aline, sois toujours sincère :
Pour moi, je n'oublierai jamais
Ce jour, où, près d'une bruyère,
J'appris à ma jeune Bergère
De l'amour les premiers secrets.
Dans ton sein couloient quelques larmes
A travers le feu des baisers,
Et déjà tes voiles légers
Cessoient de m'envier tes charmes.
Heureux le Mortel enivré
D'amour, de crainte & d'espérance,
Qui, par ses transports égaré,
Triomphe de la résistance ;
Et tremblant, muet, agité,
Après un éloquent silence,
Entend ce cri de volupté....
Dernier soupir de l'innocence !

C

Bannis furtout de vains regrets.
Pour un bien que l'Amour moiffonne,
Il en eft mille qu'il nous donne,
Et fes larcins font des bienfaits.
Ce Dieu nous couvre de fon aîle,
Goûtons un bonheur ignoré;
Aime-moi bien, fois-moi fidelle,
Et n'en dis rien à ton Curé.

ÉPITRE

A

M. GRESSET,

En lui envoyant le Poëme suivant.

Toi, qui nous mis dans le secret
De l'auguste sénat des Grilles,
Qui chantas les saintes Vétilles
Et célébras un perroquet :
Souffre près de son mausolée,
Que ta main couronna de fleurs,
Deux oiseaux qui chez les neuf sœurs
Sont d'une moins haute volée,
Mais doux, constans, & point jaseurs.
Je l'avouerai ; mes tourterelles
Qui, n'ayant vu que mes berceaux,
N'ont jamais sçu qu'être fidelles,
Doivent respecter ton héros,

Grand Voyageur, Amant des Belles,
Plein des tournures naturelles
Qu'il prit jadis fur les bateaux ;
Toujours tapi dans les ruelles,
Et Cavalier dans fes propos.
Il a l'audace qui fait plaire :
Scandale ou non, j'aime à le voir,
Mordant l'Abbeffe ou la Tourriere ;
Faïfant voltiger le mouchoir
D'un fein voilé par le myftère,
Et troublant le pieux manoir
Par fon langage militaire:
On roucoule dans ma volière
Lorfque l'on jure à ton parloir.
Mes oifeaux n'ont rien dans la tête
Que les foucis de leur amour ;
Or, on fait que pendant le jour
L'amour tout feul eft un peu bête....
Il eft même affez avéré
Que la None la plus fauvage,
En dépit du béguin facré,
Veut un peu de libertinage
Dans l'oifeau qu'elle a préféré....
    Mais laiffons l'oifeau dans fa cage.
C'eft à toi feul que je reviens.
O toi, le Dieu des jolis Riens,

Et de l'aimable perfifflage :
Tu nous dois ce piquant tableau
Où, dans les dortoirs folitaires,
L'Amour fe gliffe incognito
Et vient épier fes myftères
Au foible jour de fon flambeau.
C'eft là, qu'en dépit des fcrupules,
Il contemple avec volupté,
Dans le filence des Cellules,
Les foibleffes de la beauté ;
Ce feu qui naît avec les charmes,
Ces furprifes du fentiment,
Ces langueurs, ces touchantes larmes,
Qu'effuieroit la main d'un Amant :
La troupe riante des fonges
Confiant la guimpe aux defirs,
Et l'éclair des heureux menfonges,
Et le fantôme des plaifirs.

TRACE-NOUS ces douces images,
Et moque-toi de tes fermens ;
Fais encor fourire les Sages ;
Défefpère encor les Pédans.
Malgré les arrêts foudroyans
De ces petits Aréopages,
Où tant d'illuftres perfonnages
Tiennent le fceptre des talens,

C iij

Protégent les Gouvernemens,
Et dirigent les griffonnages
De nos Licurgues fémillans :
Ecris toujours des Vers charmans
Pour les Hommes de tous les âges,
Et pour les Nones de vingt ans
Qui liront toujours tes Ouvrages.

LA VOLIÉRE,

POÉME ÉROTIQUE.

L'Hyver cessoit d'attrister les campagnes,
L'oiseau quittoit les abris des montagnes,
Et méditoit de nouvelles ardeurs :
L'air exhaloit les plus douces odeurs.
L'œil enflammé, l'amour battant des aîles,
De son flambeau semoit les étincelles,
Régnoit aux Cieux, voltigeoit sur les eaux,
Et, se cachant sous les jeunes rameaux,
Rioit de voir la rêveuse Egérie,
En soupirant errer dans la prairie,
Cueillir des fleurs, &, le sein agité,
Sans le savoir, chercher la volupté.

L'azur des Cieux est voilé dans les Villes.
J'abandonnai leurs fastueux asyles,
Et regagnai mes pénates fleuris,
Voisins des lieux habités par Zelmis.

C iv

Je n'allois point porter dans ma retraite
D'un cœur flétri la langueur inquiette,
Ces froids dégoûts & ces longs repentirs,
Nés trop souvent de l'abus des plaisirs :
Ivre d'amour, l'ame encor neuve & pure,
J'allois chercher Zelmis & la Nature.
Libre de crainte, exempt d'ambition,
Fuyant des Cours la folle illusion,
Je m'occupois de ces simples ouvrages,
Paisibles soins, premiers travaux des Sages.
Il faut un monde aux vœux d'un Conquérant,
Mais un jardin remplit ceux d'un Amant.

Sous des Tilleuls qui, mêlant leur feuillage,
Aux feux du jour opposoient leur ombrage,
Une Volière, en ces réduits charmans,
Servoit d'asyle aux Chantres du Printems.
Du sein des fleurs une eau brillante & pure,
En jet rapide y baignoit la verdure.
De toutes parts de nouveaux rejettons
Y déployoient leur feuille & leurs boutons.
On y voyoit la Linotte étourdie,
Allant, venant, toujours vive & hardie,
Et la première à saluer le jour,
Rendre gaîment son hommage à l'amour ;
A ses côtés, le Serin moins volage,
Plus varié dans son docte ramage,

Qui fe taifoit pour écouter la voix ,
La douce voix de l'Amphion des bois.
Fuyant la foule & les plaifirs vulgaires ,
Des Tourtereaux , amans plus folitaires ,
Plus recueillis , & furtout plus heureux ,
Chantant moins bien , ne s'en aimoient que mieux.
Tendre Nitor , ô Blandule plus tendre ,
Oifeaux plus chers que tous ceux du Méandre !
Leur frais albâtre à peine le céda
Au Cigne heureux qui féduifit Léda.
Peindrois-je bien leurs grâces immortelles ,
Leurs pieds de rofe , & l'argent de leurs aîles ,
Leurs doux foupirs , leur amoureufe ardeur ,
Leur beau plumage , auffi pur que leur cœur ?

   Zelmis voulut , (ô fouvenir que j'aime !)
A mon amour les offrir elle-même ;
Et , fous mes yeux , dans leur nid les plaçant ,
Par fes regrets ajouter au préfent.
Lorfqu'elle ouvrit le docile treillage ,
Dieux ! quel tableau ! quelle riante image !
De mille oifeaux l'effaim vif & léger ,
Vint autour d'elle à l'envi voltiger.
A fon afpeâ aucun n'étoit farouche ;
Ils becquetoient les rofes de fa bouche.
L'un dans fa main fe laiffoit enchaîner ;
L'autre plus fier fembloit la couronner.

Nos deux captifs, pour charmer l'efclavage,
Se renfermoient dans les foins du ménage,
S'entrebaifoient, réchauffoient tour-à-tour
Les fruits naiffans de leur fidèle amour.
De la Volière ils étoient le modèle ;
On leur laiffoit la branche la plus belle.
Par les attraits & furtout par les mœurs,
De jour en jour ils conquéroient des cœurs ;
On les citoit, & leur conftance extrême
En impofoit au Moineau franc lui-même.
Ah ! laiffons-les paifiblement jouir
De ce bonheur qui peut s'évanouir.
Tout ici-bas eft mêlé d'amertume.
La Rofe naît, le Soleil la confume ;
Et les Humains, comme les Tourtereaux,
Dans les plaifirs ont le germe des maux.

Quels doux parfums, & que l'air eft tranquille!
Des arbriffeaux la tige eft immobile :
Le Ciel eft pur, l'aquilon eft foumis ;
C'eft aujourd'hui la fête de Zelmis.

Plaisirs naiffez! volez Amours!... C'eft elle?
Zelmis paroît, & tout fe renouvelle.
Plus orgueilleux, le lys va s'entr'ouvrir :
Tout dans ces lieux l'attendoit pour fleurir.
Ses longs cheveux flottent à l'aventure,
La négligence eft fa feule parure ;

Sa robe vole en replis ondoyans ;
Son sein se cache à l'ombre des rubans.
Elle intéresse, elle amuse, elle enchante :
Toujours folâtre, elle est toujours décente ;
Elle connoît ce rire précieux,
Qui part du cœur, quand le cœur est heureux.
MAIS, voici l'heure où l'aimable Zéphire
De son Amante a rafraîchi l'empire,
Et rapporté, sa corbeille à la main,
Les doux parfums qu'il ravit au matin :
Cherchant l'abri d'un lieu plus solitaire,
Zelmis s'échappe & court à la Volière.
Elle y revoit ses jeunes Tourtereaux
Bien moins heureux, mais toujours aussi beaux.
Ils ont à peine apperçu leur Maîtresse,
Dieux ! qui peindroit leurs transports, leur ivresse !
En cris de joie ils changent leurs soupirs :
Ils quittent tout, leurs nids & leurs plaisirs.
A ces Amans un fils venoit d'éclore,
Gage chéri qui les unit encore.
Vers son berceau rappellés par ses cris,
Ils semblent fiers de l'offrir à Zelmis.
Veillez sur eux ; gardez bien, me dit-elle,
Ce couple aimable, amoureux & fidelle.
DANS ce moment tous les autres oiseaux
Par mille jeux agitoient les rameaux ;

Tout s'attendrit, tout brûle en ces afyles :
On n'y voit point de cœurs froids & tranquilles;
La jouiffance eft un nouvel attrait ;
L'amour renaît de l'amour fatisfait.
L'affreux dégoût, enfant de la foibleffe,
N'y corrompt point cette immortelle ivreffe.
Ce ne font point de paffagers defirs ;
C'eft le bonheur fixé par les plaifirs.
Que de foupirs ! que d'ardens facrifices !
Que de baifers, de feux & de délices !
Chaque panier, dans ce féjour charmant,
Renferme un Père, ou renferme un Amant.

    A ce fpectacle, où l'inftinct la repofe,
Zelmis rougit fans en favoir la caufe.
Ses yeux, couverts d'une molle vapeur,
Peignent fon trouble & parlent à mon cœur;
Sa main fur moi tombe avec nonchalance ;
Zelmis fe tait : voluptueux filence !
Bien plus ému, fon fein dans ce moment,
Reffemble au lys agité par le vent.
Je ne fais quoi la retient enchaînée :
De fon défordre elle femble étonnée,
En le cachant trahit fon embarras,
Veut fuir, revient, & tombe entres mes bras....
Pardonne, Amour; Amour, qu'elle étoit belle !
Tu m'enivrois, j'étois feul avec elle.

La gaze errante avoit quitté son sein :
Son cœur battoit sous ma tremblante main.
J'osai... grands Dieux! pouvois-je m'en défendre?
J'osai cueillir le baiser le plus tendre :
Oui, sur sa bouche, où respirent les fleurs,
J'osai cueillir les premières faveurs.
Premier baiser, que vous avez de charmes !
Mais, quelquefois vous coûtez bien des larmes.
Vous arracher, c'est vouloir vous ternir ;
Pour vous goûter il faut vous obtenir.

Qu'ai-je entendu ? Précurseur de l'orage,
Un vent affreux fait gémir le feuillage.
L'Astre des nuits dans son cours emporté,
Ne verse plus qu'une pâle clarté ;
La foudre gronde, & , déchirant la nue,
Me laisse voir une sphère inconnue,
Et dans les Cieux, ouverts & refermés,
L'éclair s'échappe en sillons enflâmés.....
Dieux ! voulez-vous dans cette nuit obscure,
Pour un baiser consterner la Nature ?

Zelmis s'enfuit, peut-être sans retour :
J'ai troublé seul le soir d'un si beau jour !
Le vent redouble ; & , pour dernier ravage,
Dans la Volière il entr'ouvre un passage.
Un Epervier, ô désastre ! ô terreur !
D'un vol bruyant y tombe avec fureur.

Figurez-vous l'allarme univerfelle ;
J'entends gémir fous la ferre cruelle,
Ce peuple doux , paifible & défarmé,
Fait pour aimer & fait pour être aimé.
Blandule alors , mère trop malheureufe ,
Couvroit fon fils de fon aîle amoureufe ,
Et , réfolue à lui fervir d'appui ,
En s'oubliant ne trembloit que pour lui.
Le monftre approche , à fes yeux le dévore :
Teint de fon fang , il la pourfuit encore.
Nitor envain déploie en fon courroux
L'ame d'un Père & le cœur d'un Epoux ;
Nitor bleffé , ne fauroit la défendre.
On la ravit à l'amour le plus tendre ,
Et l'Epervier, s'élevant dans les airs ,
Porte fa proie au fond de fes déferts.

 Sur les rameaux , abattus par l'orage ,
L'homme champêtre au jour vient rendre hommage;
Déjà l'aurore , au front calme & riant ,
De fon écharpe embraffe l'orient ;
De fon éclat déjà le Ciel fe dore ,
Et par degrés l'Univers fe colore.
Plein de Zelmis , occupé de mes feux ,
J'entretenois mes ennuis amoureux.
Que vois-je ? ô Ciel ! quelle horreur répandue ,
Et quel objet vient affliger ma vue ?

Nitor, privé d'une Amante & d'un fils,
Qu'il redemande aux échos attendris!
Tel autrefois, le Chantre de la Thrace,
Aux antres sourds racontoit sa disgrace.
Amour, Amour, si mon cœur t'est soumis,
Rends-moi l'oiseau que m'a donné Zelmis!
Il méritoit, puisqu'il a sçu lui plaire,
D'être choisi pour le char de ta Mère.

L'AMOUR alors de ruses excédé,
L'aîle traînante & le carquois vuidé,
Las & content, s'en alloit à Cithère,
Jouir en paix du mal qu'il a pu faire.
Mais, lorsqu'à nuire il vient de s'occuper,
Le Dieu malin se délasse à tromper.

LAISSONS enfin reposer ma puissance,
Et reprenons tous les droits de l'enfance,
Et sa malice : il dit ; & de sa main,
Dans ma Volière il introduit soudain
Un autre oiseau, l'image de Blandule ;
C'est elle-même, ou du moins son émule.
Mais, s'élançant vers l'ombre du bonheur,
Nitor s'arrête, averti par son cœur.
Tous les oiseaux autour d'elle s'empressent :
Leurs becs unis à l'envi la caressent ;
C'est leur Blandule échappée au trépas :
Tous sont trompés ; Nitor seul ne l'est pas.

Le même inftant voit éteindre fa flâme ;
L'erreur des yeux ne va point jufqu'à l'âme.
Il eft, il eft d'invifibles attraits,
Dont le cœur feul a connu les fecrets.
Tendre Blandule, oui, c'eft ta reffemblance ;
C'eft ta beauté, mais non ton innocence.

Sous ces bofquets où la belle Cypris
Sourit aux jeux de fes oifeaux chéris,
Son fils lui-même éleva cette Hélène,
Au milieu d'eux marchant en fouveraine.
Elle amufoit les loifirs de l'Amour,
Qui la forma pour briller à fa Cour.
Comme fon Maître, elle eft légère & vive,
Toujours enchaîne & n'eft jamais captive.
Ce Dieu fouvent la pofoit fur fon fein,
Lui fourioit, careffoit de la main
Les lys mouvans de fon aîle badine,
Mouilloit fon bec fur fa lèvre enfantine,
Et lui fouffloit les folâtres defirs,
Et l'inconftance & le goût des plaifirs.

Près de Nitor déja l'enchantereffe,
D'un air de veuve imite fa trifteffe,
En longs foupirs répond languiffamment
Aux longs foupirs de fon plaintif Amant,
Et, fous les foins de l'Amante inquiette,
Cache la fraude & l'art de la Coquette.

Eft-il

Eſt-il rebelle à des ſoins auſſi doux ?
On croit le vaincre en le rendant jaloux.
Feignant d'aimer, elle eſt ſûre de plaire ;
Elle corrompt les mœurs de la Volière !
Aux Tourtereaux, ſi conſtans, ſi vantés,
Elle apprend l'art des infidélités !
Telle, autrefois, on vit la jeune Armide,
Cachant ſes vœux ſous un charme perfide,
De notre foi ſéduire les ſoutiens,
Et diviſer tout le camp des Chrétiens.

LAS de combattre, ou de gémir ſans ceſſe,
Nitor commence à craindre ſa foibleſſe ;
Il interrompt ſes douloureux accens ;
Le cœur diſtrait laiſſe parler les ſens.
Changeant ſoudain, l'étrangère infidelle
Eſt plus modeſte, & lui paroît plus belle.
La voyez-vous ſur les pas de Nitor,
Le becqueter, le becqueter encor,
Développer mille grâces nouvelles,
Le provoquer en agitant ſes aîles,
Et voltiger, & peindre le deſir,
Et murmurer le ſignal du plaiſir ?
On ſe rapproche… on s'enlace… ô prodige !
Le ſentiment détruira le preſtige,
Nitor réſiſte ! il fuit, il eſt vainqueur :
Blandule encor va régner ſur ſon cœur.

D

Jouis enfin, ta Blandule eſt ſauvée,
Zelmis l'aimoit, l'Amour l'a conſervée.
　Dans ce moment ſur un rameau voiſin
Elle attendoit & craignoit ſon deſtin.
Son cœur flottant, lorſque Nitor balance,
S'ouvre à la crainte & s'ouvre à l'eſpérance ;
Mais tous les deux par l'amour réunis,
Vont être heureux ſur le ſein de Zelmis.
Dans leur réduit la paix eſt revenue,
L'Enchantereſſe eſt déjà diſparue ;
Et, dans ce jour, à jamais fortuné,
Juſqu'au baiſer, tout me fut pardonné.

ÉPITRE

A

M. COLARDEAU.

En lui envoyant l'Ode qui suit.

QUAND je défends la Poésie,
A toi seul, Poëte charmant,
J'ose offrir son apologie :
A toi, Peintre du sentiment,
Qui des sons connois la magie ;
A toi, mélodieux Amant
Des Déesses de l'Harmonie.
Déjà tes pinceaux enchanteurs,
Dont l'art savant t'immortalise,
Ont fait passer dans tous les cœurs
Les intéressantes douleurs
Et de Caliste & d'Héloïse ;
Déjà l'on t'a vu d'une main
Libre à la fois & circonspecte,

D ij

MÊLANGE

Embellir le Temple divin,
Dont Montesquieu fut l'Architecte.
Au milieu des plus doux concerts,
Ta Muse brillante & rapide
A cueilli les roses de Gnide,
Qui refleurissent dans tes Vers.
Même on t'a vu, des sombres rives
Interrogeant les longs échos,
Evoquer les ombres plaintives
Que du stix enchaînent les eaux;
Et, parcourant ces bords nouveaux,
Unir ta guirlande légère,
A la couronne funéraire
Qu'Yung ravit sur les tombeaux.
Chantre aimable & mélancolique,
Qu'ils sont loin de toi ces Rimeurs,
Au ton plaisament despotique,
Qui lassent jusqu'à leurs Prôneurs
Qu'a démentis la voix publique:
Ces petits tantales si vains,
Dont l'audace toujours active
Touche la palme fugitive
Qui toujours échappe à leurs mains!
    Souffre en paix leur sotte arrogance;
Et, gardant ta sérénité,
Vois les pâlir en ta présence

Du remords de leur nullité.
Dans le dédale des intrigues
Ils quêtent des Admirateurs ;
Et, par la honte de leurs brigues
Ils ramperont jufqu'aux honneurs.
Toi, chéris ton indépendance ;
Goûte fes paifibles douceurs.
Sans fiel, (quoique fans récompenfe,)
Mais avant tout, fans Protecteurs.
Par cent motifs... que l'on devine ;
On fe fait à leur abandon.
Les fuccès furent pour Pradon,
Et les lauriers font pour Racine.

J'AI, pour moi-même, exécuté
Tous les confeils que je te donne :
D'utiles foins m'ont écarté
Du champ, où l'adreffe moiffonne
Et répand la ftérilité.
Loin de nous l'inquiette ivreffe,
Celle au moins qui peut tourmenter :
Mêlant l'étude & la pareffe,
Laiffons les Sectes s'agiter.
Le calme eft fait pour la fageffe.

D iij

CONTRE
LES DÉTRACTEURS
DE
LA POÉSIE D'IMAGES.

ODE.

Vous, qu'Apollon enflamme encore,
Laissez vos brillantes couleurs :
Désormais à la jeune Flore,
Arrachez ses tresses de fleurs ;
Séchez les pampres de Pomone,
A Cérès ôtez sa couronne,
Faites pâlir l'or des moissons,
Fermez les célestes demeures,
Renversez le palais des heures,
Et brisez le char des saisons.

L'INDIGENTE pensée a banni ces images.
De Dodone chênes sacrés,
Nous ne serons plus inspirés
Sous vos mystérieux ombrages.
Les trépieds, jadis frémissans,
Dans vos dédales sourds reposent immobiles;
Et les Oracles des Sibylles,
Ne seront plus portés sur les aîles des vents.

TOI-MÊME, ô Peintre magnifique,
Pline françois, savant Buffon,
Qui répands le feu poétique
Sur les travaux de la raison;
Reprime ta course hardie,
Et ces transports tumultueux,
Et ces élans impétueux,
Divins attributs du Génie:
Eteins ce flambeau créateur
Que tu portas d'une main sure
Dans l'attelier de la Nature,
Et que tu tiens de son Auteur.

MAIS, non... parois & tonne, auguste Poésie;
O monts Aoniens, courbez-vous à sa voix!

Répétez ses accords, grottes de Blandusie ;
Onde sainte, bouillonne & coule sous ses loix :
Et toi, docte forêt des lauriers prophétiques
  Agite tes sommets antiques,
Reçois ta Souveraine & rends-lui tous ses droits !

  MAIS quels concerts se font entendre ?
  C'est toi, noble fille des Cieux,
  Qu'en ce moment je vois descendre
  Du Palais enflammé des Dieux !
  Un nuage d'or t'environne ;
  Ta tête, où la flamme rayonne,
  Nage mollement dans l'Ether ;
  Et, de l'Olympe qui t'adore,
  Tu lances les feux de l'Aurore,
  Ou les foudres de Jupiter.

Iris t'offre en tribut son écharpe éclatante,
Phébus, son char brillant, Hébé, son doux souris :
S'élèvant jusqu'à toi de sa conque flottante,
La Déesse des Mers, le front ceint de rubis,
Dépose à tes genoux les trésors qu'elle enfante.

Des champs Elisiens, les immortels berceaux
Par toi se couvrent de verdure ;
Par toi l'Aquilon siffle, ou le Zéphir murmure ;
Tu commandes à la Nature,
Et tu la reproduis sous tes brûlans pinceaux.

Le Printems sur tes pas épanche ses corbeilles ;
De roses tu semas les portes du matin ;
Le fréle émail des prés est fixé par ta main,
Et tu créas le Dieu qui préside à nos treilles.

Tu parles : les Humains confusément épars,
S'assemblent à l'envi sous de communs asyles :
Je vois naître les loix, & s'élever des Villes
Les superbes remparts.

La Vérité par toi quitte enfin sa rudesse ;
Empruntant ta parure elle a repris ses droits,
Et, sous des traits plus doux, s'approche avec adresse
De l'oreille des Rois.

MÉLANGE

Le Chantre d'Ulisse & d'Achille,
Contemplant ses nombreux Autels,
Dans une atmosphère tranquille
Boit le nectar des Immortels.
Tel, un Cèdre, en tiges augustes,
Elève ses rameaux robustes
Que jamais l'art n'a mutilés ;
Et, cicatrisé par l'orage,
Sur son respectable feuillage
Voit les siècles accumulés.

Le Cigne brillant d'Ausonie,
Partageant les mêmes honneurs,
Voulut entrelacer de fleurs
Le diadême du Génie :
Plus flexible & moins emporté,
Enchaînant le goût sur ses traces,
Il sçut donner un voile aux graces
Sans ôter rien à la beauté.

Ceint des palmes de l'Idumée,
Viens te placer à côté d'eux,
Toi, qui chantas la sainte Armée
De tant de Héros valeureux ;

Toi, dont la favante induftrie,
Prodigue en fa variété ;
Dans fes tableaux toujours marie
Les miracles de la Féerie
Aux charmes de la vérité.

Des flancs de ce fombre nuage,
Quel autre couronné d'éclairs,
S'ouvrant tout-à-coup un paffage
S'élance par bonds dans les airs !...
C'eft Milton, cet Anglois fublime,
Qui du Pinde franchit la cime :
Il lance des feux d'une main,
Et de l'autre, il répand les rofes,
Du fouffle d'un Dieu même éclofes,
Qu'Eden voit naître dans fon fein.

Fougue rapide, audace altière,
Embrâfez, agitez mes fens !
Où font-ils, ces Mortels, ces efprits bienfaifans,
Qui fur ce Globe obfcur ont verfé la lumière,
Et réchauffé nos cœurs du feu de leurs accens ?

Quand la Reine de l'Empirée
Des Grecs favorisant les coups,
Du fils de Saturne & de Rhée
Voulut désarmer le courroux :
Est-ce donc toi, froide sagesse,
Qui sçus prêter à la Déesse
Un art & des traits inconnus ?
Plus belle, & surtout moins sévère,
Elle n'emprunta pour lui plaire
Que la ceinture de Vénus.

Déja le Maître du Tonnerre
Sourit avec sérénité ;
Ses yeux, qu'enflâmoit la colère,
Etincellent de volupté :
Il s'attendrit, brûle, succombe ;
Du haut des Cieux un voile tombe,
Soutenu par mille Zéphirs ;
Et l'Ida que couvre un nuage,
Voit fleurir un nouveau bocage
Où le Dieu cache ses plaisirs.

L'air sombre, l'œil en pleurs, l'inconsolable Orphée
Pénètre, sa lyre à la main,

Juſqu'aux cavernes du Riphée ;
On l'environne, il chante, & tout s'émeut ſoudain.
Tel eſt l'heureux pouvoir des Rois de l'harmonie,
De l'immortalité brillans diſpenſateurs,
Qui, ſecouant au loin le flambeau de la vie,
Fécondent du cahos les vaſtes profondeurs,
Et font éclore un monde à la voix du génie.

Vous, que bleſſent du jour les feux étincellans,
Infortunés Mortels, qu'offenſe un beau délire,
Et qui, fermant l'oreille aux accords de la lyre,
Voulez aux loix d'Euclide aſſervir les élans....
Fuyez, rampez, Troupeau ſervile & ſolitaire!
Vous, Muſes, reprenez un vol audacieux.
Quand le reptile impur ſe traîne ſur la terre,
L'Aigle s'éleve, plâne, & ſe perd dans les Cieux.

HYPARCHUS.

Pisistrate expiroit, & le peuple d'Athènes
Du Royaume, agité par divers intérêts,
A son fils Hyparchus abandonnoit les rênes.
Quoiqu'à peine il comptât quatre lustres complets,
Il étoit bienfaisant, il aimoit la justice.
Son cœur formoit déjà mille utiles projets :
Mais l'art de gouverner veut un long exercice.
Il failoit subvenir aux besoins du moment,
Des méchans en crédit anéantir les trames ;
Sans aigrir les esprits, réformer brusquement,
Des Ministres des Dieux concilier les ames,
Faire espérer le Peuple, avoir pour soi les femmes
Dont l'avis influoit dans son Gouvernement :
Il falloit débrouiller le chaos des affaires,
Des Vautours de l'Etat rogner un peu les serres ;
Discerner les cœurs vrais des cœurs intéressés,
Chercher, & recueillir dans un dédale immense
Les germes de bonheur qu'on avoit dispersés ;
Ces travaux ont souvent effrayé la prudence,
Et les plus clairvoyans y sont embarrassés.

En ces jours orageux, on parloit dans la Grèce
D'un Philosophe aimable, oublié par le tems.
Téos avec orgueil célébroit ses talens,
Son Luth harmonieux, présent de la mollesse,
Son paisible abandon, & ses goûts nonchalans,
Et ses rians écrits, dictés par la sagesse.
Cet ami d'Apollon, loin des Cirques vantés,
De leurs plaisirs si faux, de leurs pompes si vaines,
Assis dans ses bosquets, auprès de ses fontaines,
Cultivoit les vertus au sein des voluptés,
Et laissoit la fortune aux intriguans d'Athènes.
    Voila, dit Hyparchus, le conseil que je veux.
Je ne souffrirai point, quoi que ma Cour me dise,
Qu'un méchant me corrompe ou qu'un pédant m'instruise.
Je desire un Mentor, qu'environnent les jeux,
Qui, malgré sa science, ait l'esprit d'être heureux,
Et par un doux chemin au bonheur me conduise.
Partez, obéissez, cherchez Anacréon :
On a de trop d'ennuis fatigué mon enfance ;
Je veux qu'avec adresse égayant la leçon,
Et cette gravité qui suit l'expérience,
Un Sage, en raisonnant, fasse aimer la raison.
    Des Galères déjà sur les flots font lancées.
Hyparchus a remis des lettres de sa main.
Au Chantre de Téos elles font adressées ;
Il l'invite en Ami, bien plus qu'en Souverain.

On aborde, on s'empreſſe, on le découvre enfin ;
Couché tranquillement à l'ombre d'une treille,
Laiſſant tomber des fleurs de ſa débile main,
Le front enluminé d'une couleur vermeille,
Peignant un cœur joyeux dans un ſommeil ſerein.
Les Zéphirs qu'enchaînoient ces rives fortunées,
Agitoient ſes cheveux blanchis par les années.
Près de lui s'exhaloient les parfums les plus doux ;
Les oiſeaux de ſes bois ſuſpendoient leur ramage,
De ſa félicité tout retraçoit l'image,
Et le plus heureux Prince en eût été jaloux.

    Il s'éveille, on accourt, il lit... Eſt-ce un menſonge ?
D'où me vient cet écrit ? quel eſt cet appareil,
Dit-il ? Sous ces berceaux je me livre au ſommeil ;
J'y retrouve un plaiſir dans la douceur d'un ſonge,
Et la faveur d'un Roi m'attendoit au réveil !
Hyparchus eſt aimable ; Hyparchus m'intéreſſe.
Monarque & Citoyen, il eſt ſacré pour moi.
Allons, il faut le voir, l'humanité m'en preſſe ;
Il faut, mettant ma gloire à lui prouver ma foi,
Par ce brillant exil honorer ma vieilleſſe,
Et faire mille heureux, en conſeillant un Roi.

    Dans ces réflexions quelque tems immobile,
Il ſe décide & part : l'Amitié dans ſes bras
Le retient, l'attendrit, & ne le fléchit pas.
Les reproches ſont vains & la plainte eſt ſtérile.

Mais

Mais, cachant la douleur qui le fuivra toujours,
Il tourne encor les yeux vers ce charmant afyle,
Solitaire témoin de fes longues amours ;
Le calme eft fur fon front, fon cœur n'eft pas tranquille,
Et, rifquant à regret un refte de beaux jours,
Il s'arrache au bonheur, dans l'efpoir d'être utile.
    LE Vaiffeau qui le porte eft couronné de fleurs.
Refpectant le deftin d'une tête chérie,
Les flots, à peine émus par les vents protecteurs,
S'ouvrent facilement fous la main des Rameurs :
Sous un autre Arion la mer eft applanie.
D'Athènes qui l'attend il va combler les vœux.
Vers lui le peuple vole, Hyparchus le dévance.
Venez, dit-il, venez, Sage voluptueux,
Mon guide, mon appui, ma plus chere efpérance,
Liguons-nous pour le bien, & gouvernons tous deux.
    ANACRÉON furpris entre fes bras s'élance ;
Mais enfin ce Neftor du Pinde & de Paphos,
Revenu de fon trouble après un long filence,
Sourit à fon Elève, & lui parle en ces mots :
    PRINCE, jufqu'à préfent, j'ai, ne vous en déplaife,
Vécu dans mes jardins, bien plus que dans les Cours.
J'aime beaucoup les lieux où l'on penfe à fon aife,
Où l'on trompe l'envie en cachant fes amours ;
Car je conferve encor les erreurs du bel âge :
J'ai de l'aveugle Dieu retenu le bandeau ;

E

Le cœur ne vieillit point ainſi que le viſage,
Et des illuſions l'eſſain jeune & volage
Me ſuit ſur le penchant qui m'entraîne au tombeau.
   Du Trône & de ſes Loix j'ai peu d'intelligence,
Mais je ſuis ſans parti, ſans intérêt, ſans fard :
Le zèle près de vous tient lieu de connoiſſance,
Et j'aime un jeune Roi qui conſulte un Vieillard.
Cauſons: l'art de regner qui paroît ſi terrible,
N'eſt que l'art, ſelon moi, d'être juſte & ſenſible.
Un Monarque eſt un père, ou veut le devenir.
Prompt à récompenſer, il eſt lent à punir,
Et, ne pouvant tout voir, tout juger par lui-même,
Contraint de partager le poids du Diadême,
Une de ſes vertus eſt de ſavoir choiſir....
C'eſt celle de votre âge, & je vous la conſeille.
Promettez-moi de fuir ces Mortels careſſans
Qui des molles vapeurs d'un délicat encens
Offuſquent par degré la vertu qui ſommeille ;
Si la vôtre s'endort.... le Peuple a cent Tyrans,
Cher Prince, aimez le Peuple ; allégez ſa miſère.
Un Sage veut le bien, les Rois doivent le faire.
Fêtez les Citoyens plus que les Courtiſans.
Téos vous le dira, je ne ſuis point ſévère :
Mais je ne voudrois pas qu'on flétrît des penchans
Qui promettent en vous du bonheur à la terre.
A de tranquilles ſoins conſacrez vos beaux jours.

Évitez, s'il se peut, les horreurs de la guerre.
Injuste ou légitime, on en souffre toujours :
J'aime bien mieux les jeux des doctes immortelles.
Environnez leurs fronts des palmes de la paix ;
Secondez leurs travaux, protégez leurs succès,
Et l'austère avenir, prononçant après elles,
Vous ceindra d'un laurier qui ne mourra jamais.
Nous autres Chansonniers, que par fois on dédaigne,
Nous avons notre prix, vainement disputé.
Brillans Avant-coureurs de l'immortalité,
Il faut qu'on nous chérisse, ou du moins qu'on nous craigne,
Et l'écho de nos voix, quand nous parlons d'un règne,
Répond & retentit dans la postérité.
Ouvrez donc aux neuf Sœurs des abris tutélaires,
Encouragez leur zèle à des progrès nouveaux,
Et croyez qu'en dépit de vos nobles chimères,
On n'a point de plaisir à régner sur des sots.
Sur un front de vingt ans illustrez la Couronne,
Puisez dans votre cœur les maximes du Trône ;
La triste expérience endurcit trop souvent.
L'instinct seul des vertus conduit mieux la jeunesse
Que des préceptes vains, emportés par le vent.
La sensibilité fait plus que la sagesse…
Mais surtout, soyez gai ; c'est un de mes desirs.
Le méchant ne rit point ; tous les tyrans sont tristes.
De ces infortunés pourquoi grossir les listes ?

E ij

Loin de moi la grandeur qui défend les plaisirs.
O Rois, que je vous plains ! le dégoût vous dévore :
Il se traîne avec vous au fond de vos Palais ;
Il vous rend importun l'éclat qui vous décore.
Ce monstre à vos côtés vient s'asseoir sous le dais ;
Dans le sein de l'amour il vous poursuit encore....
Voulez-vous un plaisir qui ne s'use jamais,
Un moyen d être heureux, une volupté pure ?
Surprenez l'indigence en ses réduits secrets ;
Si le Peuple s'est plaint, appaisez son murmure ;
Qu'il renaisse au bonheur, en comptant vos bienfaits.
N'en croyez pas des Cours la brillante imposture ;
Pour le mieux secourir, voyez l'homme de près,
Et, vous créant un cœur digne de vos Sujets,
Que la tendre pitié vous rende à la nature.

    L'INSENSIBLE étiquette est la mort des vertus.
Son Code assoupissant, sa puérile étude
Livrent l'ame aux langueurs de la froide habitude,
Et glacent les esprits sous son joug abattus.
Mais on dit qu'en ces lieux votre épouse adorée
Veut, quoique Souveraine, agir plus librement,
De ce joug monotone être enfin délivrée,
Echapper au Costume, & rire impunément.
J'approuve son projet, j'aime sa fantaisie.
On va donc nous prouver qu'on peut régner gaîment!
Le Ciel n'exige pas qu'une Reine s'ennuie,

Surtout lorsqu'elle est jeune, & lorsqu'elle est jolie.
Le Ciel, j'en suis très-sûr, en ordonne autrement.
Il pardonne aux Sujets quelques grains de folie,
Et, même aux Majestés, il permet l'enjouement.
Je veux vous voir tous deux, malgré le Diadême,
Heureux, indépendans, enviés par moi-même,
Connoître enfin le prix & l'emploi du moment....
J'irai reprendre alors mes Couronnes de roses,
Retrouver mes gazons, plus frais que vos sophas ;
Des festins où je règne articuler les clauses,
Régir en badinant mes paisibles Etats.
Qu'attendrois-je de plus aux bornes de ma vie ?
De Pampres couronné, je brave le trépas.
Une ivresse éternelle est ma Philosophie.
J'ai du vin Grec très-vieux, une très-jeune amie,
Des bocages, des fleurs «.... Il ne poursuivit pas.

DANS cet instant marqué la Cour impatiente
Vint fêter ce Vieillard, aimable en ses leçons,
Qui savoit égayer sa morale éloquente,
Et se fit nommer Sage, en faisant des Chansons.

E iij

DISCOURS
DU SCYTHE
A ALEXANDRE.

Si, changeant pour toi seul les loix de la Nature,
Les Dieux à ton orgueil égaloient ta stature,
On te verroit toucher, dans ton délire ardent,
L'orient d'une main, de l'autre l'occident,
Et tu voudrois encore envahir l'hémisphère,
Qu'en s'éclipsant pour nous l'astre du jour éclaire ;
La terre de ton poids se sentiroit presser.
Tu n'occupes qu'un point, & veux tout embrasser !
Tu promènes la mort, au gré de ta furie,
De l'Asie en Europe, & d'Europe en Asie.
Sur les débris fumans du monde saccagé,
Vainqueur du genre-humain, à tes pieds égorgé,

Aux forêts, aux frimats, tu porterois la guerre :
Tu chercherois le tigre au fond de son repaire ;
Les fleuves, les torrens ne pourroient t'arrêter,
Et ton cœur seul enfin resteroit à dompter.
Tremble : le plus haut chêne est près de sa ruine ;
Planté depuis un siècle, un jour le déracine.
Insensé le Mortel dont le regard séduit
Ne mesure point l'arbre, & n'en voit que le fruit !
Prends garde, en y montant, que la branche infidelle
Se brisant dans tes mains, ne t'entraîne avec elle.
Rien n'est dans l'univers exempt des coups du sort :
Le plus foible a souvent renversé le plus fort.
Il n'est point de métaux que la rouille respecte :
Le Lion peut servir de pâture à l'Insecte.
Qu'avons-nous de commun ? Laisse-nous t'ignorer.
Jamais dans ton pays, nous a-t-on vus entrer ?
Nous ne voulons donner, ni recevoir des chaînes.
Une coupe, des socs font nos biens dans ces plaines :
Nous présentons la coupe aux Dieux de nos forêts ;
Le soc, pour nos amis, fait jaunir nos guérets.
La fléche nous défend ; son atteinte subite
Frappant nos ennemis, ensanglante leur fuite.
Ainsi le Mède altier sentit notre courroux ;
Ainsi le Sirien expira sous nos coups :
Nous renversions ainsi leurs troupes fugitives,
Et le Nil étonné nous vit couvrir ses rives.

E iv

Mais toi, qui des brigands t'ofes nommer l'effroi,
Demande à l'univers qui d'eux l'eft plus que toi.
Le Lydien te fert ; la fière Bactriane
A fléchi fous le joug dont gémit Ecbatane,
Et tes avares mains, déchaînant les fléaux,
S'étendent jufqu'à nous pour ravir nos troupeaux !
Que fais-tu, malheureux ? Quelle foif te dévore ?
Un fleuve d'or l'abreuve & la rallume encore.
Sans jouir des tréfors difperfés fous tes pas,
Ton cœur eft tourmenté par ceux que tu n'as pas.
Tu fembles t'appauvrir en dévaftant la terre :
La victoire eft pour toi le fignal de la guerre.
Paffe le Tanaïs ; tu fauras à l'inftant
Jufqu'où de ce côté notre empire s'étend.
De ton avidité nous n'avons rien à craindre.
Tu peux nous ravir tout, mais non pas nous atteindre.
Rien n'arrête nos pas, rien n'énerve nos corps ;
La fage tempérance affermit leurs refforts,
Et, s'il faut contre toi chercher un autre afyle,
Va, notre pauvreté fera bien plus agile
Que ta fuperbe armée, & ce pefant ramas
Qui traîne la dépouille & l'or de cent Etats.
Mais la fuite eft pour nous le chemin à l'audace :
Tu nous croiras bien loin ; nous ferons fur ta trace.
Oui, jufques dans ton camp, nous lancerons des feux ;
Si le Scythe fait fuir, il pourfuit encor mieux.

Le Grec, enorgueilli de ſes grandeurs ſerviles,
Compare avec dédain nos déſerts & ſes villes ;
Qu'il garde ſon éclat, ſes plaiſirs corrupteurs :
Dans la ſimplicité nous mettons nos grandeurs.
Toi, connois la fortune : inconſtante & frivole,
Lorſqu'on croit la tenir, elle échappe & s'envole.
Tu veux paſſer pour Dieu ! ſois donc le bienfaiteur,
Sois l'appui des Mortels, non leur perſécuteur.
Homme, remplis ce titre, &, quittant tes chimères,
Ceſſe de te baigner dans le ſang de tes frères.
Ne nous regarde point comme un Peuple ſoumis ;
Traite-nous en égaux : nous ferons tes amis.
Laiſſe-nous à défendre, & l'Europe & l'Aſie :
Que ton propre intérêt ſoit le nœud qui nous lie.
Nous ne propoſons que nos cœurs pour garans,
Nos vertus pour traités, & nos mœurs pour ſermens.

TRADUCTION

PRESQUE LITTÉRALE

D'un Fragment d'une Satyre de Lucilius.

QUEL siècle ! quels excès ! quelle aveugle licence !
La Noblesse vendue à l'or du Plébeïen !
L'art glacé du Sophiste étouffant l'éloquence !
Des Raisonneurs en foule & pas un Citoyen !
L'un de Thémis en pleurs a brisé la balance :
L'autre, au blâme endurci, bravant tout, n'aimant rien,
Etale effrontément sa coupable opulence.
Le faste a de l'Etat séché les réservoirs :
Le Palais de Poppée insulte à nos misères ;
L'Amour a son trafic, & Vénus, ses comptoirs :
La Toilette d'Albine est un Bureau d'affaires.
Tout est vil ou cruel, l'égoïsme s'étend ,
L'usure, au front d'airain, sort de ses noirs repaires,
Et le Guerrier lui-même a les mœurs du Traitant.

PEINDRAI-JE & nos befoins & nos plaifirs factices,
Les crimes enfantés par l'abus du pouvoir ;
L'audacieufe intrigue afliégeant les comices ;
Des Augures trompeurs profanant l'encenfoir ;
D'imbécilles tyrans, dont nos Dieux font complices,
Et de jeunes Romains notre dernier efpoir,
De molleffe hébêtés, ou vieillis dans les vices ?

O POURQUOI fuis-je né dans ces jours malheureux?
Pleurons, Amis, pleurons nos maux & nos injures ;
De nos profcriptions l'attentat douloureux ;
Rome, hélas ! enfonçant le fer dans fes bleffures ;
Et, la hache à la main, le defpotifme affreux,
A ce Peuple abattu défendant les murmures.
Pleurons l'oubli des loix & le mépris des mœurs,
Les progrès menaçans d'une fauffe fageffe,
Le rapide déclin des Arts confolateurs,
L'indigence qui naît du fein de la richeffe,
Et tous les fentimens éteints dans tous les cœurs.
J'ai vu nos légions, parjures à la gloire,
Se laiffer fans combat enlever la victoire :
J'ai vu nos Ports déferts languir dans l'abandon ;
J'ai vu le Laboureur écrafé de fubfides,
Sacrifiant fa vie à des Maîtres avides,
Confumé par la faim, mourir fur la moiffon.
J'ai vu des Proconfuls la débauche effrénée,
Dévorer en un jour les tréfors d'une année :

Et, tandis qu'auprès d'eux leurs lâches complaifans,
De la baffeffe active épuifant l'induftrie,
Ranimoient les langueurs de leur ame flétrie ;
Tandis qu'à leurs feftins faifant fumer l'encens,
Ils leur verfoient dans l'or le fang de la Patrie ;
J'ai vu de vieux Soldats, à vivre condamnés,
Traîner dans le befoin leurs jours infortunés :
Je les ai vus, fuyant une pitié frivole,
Ne confier leurs pleurs qu'aux murs du Capitole,
Baifer en foupirant l'Urne de nos Héros,
Et chercher Rome encor autour de leurs tombeaux.

MONOLOGUE
DE
CATON.

Oui, l'ame eſt immortelle ; oui, tu dis vrai, Platon !
Cet inſtinct eſt dans nous plus fort que la raiſon.
De-là naiſſent en moi ces mouvemens rapides,
Ces élans inquiets vers des biens plus ſolides.
D'où vient que, ſur ce globe, où règne un vaſte deuil,
L'homme tremble & recule à l'aſpect du cercueil ?
Prête à voir ſe briſer ſa demeure fragile,
L'ame alors ſe débat, cherche un plus ſûr aſyle,
Se ramaſſe en ſoi-même, & ſemble, en ce moment,
Lutter contre la mort, par l'effroi du néant.
Fuyez, ſyſtêmes vains, que mon eſprit abjure :
On ne ſe méprend point au cri de la nature.
Ce ſentiment profond eſt gravé de ſa main.
Un Dieu m'a donné l'être, un Dieu vit dans mon ſein ;

Ma haine pour Céſar & le prouve & l'atteſte.
Ce Dieu ſeul me ſoutient ; tout me quitte : il me reſte,
Et répète à mon cœur plein de ſécurité :
Ton partage, ô Mortel, eſt l'immortalité.
Elle m'attend... frappons... tout le veut... qui m'arrête?
Quelles noires vapeurs s'amaſſent ſur ma tête ?
Ciel! l'Eternité s'ouvre, &, dans ma ſombre horreur,
Je n'oſe en meſurer l'immenſe profondeur...
Raſſure-toi, Caton, & franchis ce paſſage ;
Redouté du coupable, il eſt l'eſpoir du ſage.
Eh! qui peut m'alarmer ? s'il eſt un Etre aux Cieux,
Il ſera le Vengeur des Mortels vertueux :
Meurs, il eſt tems : Céſar, que le deſtin ſeconde,
Céſar eſt le tyran & de Rome & du Monde ;
Tout rampe, tout fléchit ſous le joug du Vainqueur :
Meurs ; la Terre eſt eſclave ; il n'eſt plus de bonheur.
O Romains avilis, Romains que je déteſte,
Je vais donc me ſauver de votre aſpect funeſte !
Poignard, unique bien qu'on ne m'ait point ôté,
En déchirant mon ſein, rends-moi la liberté!...
Les ans interrompront la brillante carrière
De ces corps ſuſpendus pour verſer la lumière ;
L'Aſtre du jour, caché ſous un crêpe ſanglant,
Epaiſſira la nuit ſur l'Univers tremblant ;
Tout ſentira des tems l'atteinte inévitable :
Toi ſeule, tu ſeras toujours inaltérable,

Mon ame ! image augufte , où l'Eternel s'eft peint ;
Invifible flambeau , qu'aucun fouffle n'éteint !
Parmi le choc des airs , & le fracas des ondes ,
La poudre des tombeaux , & la cendre des mondes ,
Tu verras , t'élevant fur des aîles de feu ,
Les élémens rentrer dans le fein de ton Dieu.

L'ÉPREUVE.

J'aimois Zélie, & je l'aimois envain.
De mille Adorateurs sans cesse poursuivie,
　　Elle voyoit d'un œil serein
　　Tous les tourmens de mon ame asservie,
　　Elle condamnoit mon chagrin
　　Et rioit de ma jalousie :
Elle rioit ! & moi, les yeux noyés de pleurs,
J'allois traîner mes jours dans la mélancolie :
Des éternelles nuits j'accusois les lenteurs
　　Et les siècles de l'insomnie.
Des rêves douloureux prolongeoient mes malheurs :
Je n'étois point aimé, je détestois la vie.
　　Que t'ai-je fait, dis-je à l'Amour,
　　Pour mériter cette rigueur extrême ?
　　Viens, parle, agis ; désarme ce que j'aime,
　　Et rends-la sensible à son tour.
　　　　　　　　　　》 Arrête,

« Arrête, Mortel téméraire, »
Répond l'Enfant, Maître des Dieux :
» En defirant qu'on te préfère,
» Tu ne fais pas ce que tu veux.
» Même à l'inftant que l'on aime le mieux,
» C'eft fouvent un malheur de plaire.
» Abufé par ton cœur, égaré par tes feux,
» Si tu ne m'en crois pas, que l'avenir t'éclaire !...
» Regarde !... » Et, dans fes mains, éclate en même tems
Un Talifman, un miroir prophétique,
Où, par l'effet d'un art magique,
Eft écrit le fort des Amans.
Dieux ! quels objets, & quelle deftinée !
Après quelques jours de bonheur,
Par moi-même, par moi Zélie abandonnée
Craignoit de rentrer dans fon cœur.
Errante, folitaire, aux remords condamnée,
Elle cachoit fa plainte, étouffoit fes foupirs,
Pleuroit fa foi trahie auffitôt que donnée,
Et par fon infortune expioit mes plaifirs.
Sous la verdure épaiffe, où fon ame entraînée
S'étoit rendue à mes fermens trompeurs,
A fes pieds j'apperçois les fleurs
Dont ma main l'avoit couronnée.
Pleine de tendreffe & d'effroi,
Elle traçoit, fur l'arêne mobile,

F

Notre chiffre, hélas! trop fragile,
Qu'emportoit un Zéphir... moins volage que moi.
Ote-moi donc jusques à l'espérance,
M'écriai-je soudain, Dieu cruel!... Dieu charmant!
Si le bonheur conduit à l'inconstance,
Je garde & chéris mon tourment.
Je ne veux point qu'un autre objet me lie.
Prodigue ailleurs tes dangereux bienfaits:
Va, j'aime mieux vivre dans les regrets,
Que de coûter une larme à Zélie.
« Tu mérites le prix, & ton cœur l'obtiendra;
» Crois, me dit-il, ce que l'Amour t'assure.
» Ta jeune Amante t'aimera :
» Tu seras fortuné, sans devenir parjure....
» Et le miroir seul mentira ».

STANCES INÉGALES.

*A un Souverain du Nord, bienfaiteur
d'un de nos Hommes de Lettres.* *

DES rangs, le pompeux appanage,
Ces titres superbes & vains,
Et ce dangereux avantage
De gouverner quelques Humains,
N'éblouiffent point l'œil du Sage.
Il vient, la balance à la main,
S'affeoir fur les marches du Trône,
Et, comptant pour rien la Couronne
Lit dans le cœur du Souverain.

LE cri d'une injufte victoire
Qui fe mêle au cri des mourans,
Egorgés au nom de la gloire,
Pour l'affreux plaifir des Tyrans;

* Des circonftances le forçoient de vendre fa Bibliothéque.

Tout pouvoir qui nuit & qui bleſſe,
Tout ſceptre lâchement porté,
Et tout laurier enſanglanté,
Sont vils aux yeux de la Sageſſe.

QUAND elle oſe élever ſa voix,
C'eſt pour ceux que le Ciel fit naître
Puiſſäns & juſtes à la fois,
Et qui, non contens d'être Rois,
Se ſont montrés dignes de l'être;
Pour qui l'auguſte vérité
N'a point encor perdu ſes charmes,
Et dont la main ſéche les larmes
De la plaintive humanité.

VOILA dans toi ce que j'admire.
Il faut apprendre à l'Univers
Qu'un de ſes Potentats reſpire,
Dont les yeux ſont toujours ouverts
Sur l'infortuné qui ſoupire;
Qui prévient ſes timides vœux,
Du bienfait tremble de l'inſtruire,
Et, dans un tranſport généreux,

Loin des bornes de fon Empire
Cherche à faire encor des heureux.

Ainsi ce globe de lumière,
Qui, fous un Ciel brillant & pur,
Pourfuivant fa vafte carrière,
Roule des flots d'or & d'azur ;
D'un feul point luit fur tous les Mondes,
Eclaire le noir Africain,
Blanchit la perle au fein des Ondes,
Et dans fes cavernes profondes,
Va mûrir l'or du Méxicain.

Par tes foins il va donc renaître
Cet ami de la vérité !
Dans fes veilles il va connoître
Le calme & la fécurité !
Déformais, vainqueur de l'envie,
Dans fa paifible obfcurité,
Il peut, fans redouter la vie,
Aller à l'immortalité.

Homere, Virgile, Pindare,
Vous ne lui ferez point ravis :

Une faveur fublime & rare
Lui rend fes Dieux & fes Amis ;
Ses vrais Amis, les feuls fidelles,
Les feuls que l'on retrouve, hélas !
Au fein des difgraces cruelles :
Les feuls qui ne foient point ingrats.

POURSUIS : dans une cour polie
Tout fert & prévient tes defirs ;
Ta voix excite l'induftrie,
Le goût ennoblit tes plaifirs.
Couronnez des fleurs les plus vives,
A tes côtés je vois les Arts
Se ranimant par tes regards
Ne point envier d'autres rives.

JOUIS de ces faveurs des Cieux,
Pour moi, caché fous un nuage,
Permets que j'échappe à tes yeux.
Content, à l'abri de l'orage,
Je ne demande rien aux Dieux.
Si j'avois été malheureux
Tu n'aurois point eu mon hommage.

LE DESIR.

ODE

ANACRÉONTIQUE.

SOUFFLE divin , puissant Moteur ,
Dont les impressions soudaines
Font couler le feu dans nos veines ,
Et le plaisir dans notre cœur :

DESIR , j'adore ton ivresse ,
Tes traits rapides & brûlans ,
Et tes impétueux élans ,
Et ta langueur enchanteresse....

Vents, taisez-vous ; faunes ardens
Cessez votre lutte amoureuse :
Du sein de la Dryade heureuse
Prêtez l'oreille à ses accens.

Il naît, il vole, & de ses aîles
Parcourt des espaces nouveaux ;
Dans les abîmes du Cahos
Il fait jaillir ses étincelles.

Par lui, les Etres font Amans,
Et le Monde est une Féerie ;
Il tient le flambeau de la vie
Et fait mouvoir les Elémens.

Sous les ceintres de la verdure
Il offre un Dais à la Beauté :
Il s'empare de la Nature
En promettant la volupté.

O toi, que l'Univers encenfe,
Toi, premier bienfait du deftin,
Tant que tu dors dans notre fein
Quel froid fommeil que l'exiftence!

L'heure fe traîne lentement,
La Nature eft trifte & glacée,
Rien ne fourit à la penfée,
Rien n'éveille le fentiment.

Tu parois, tout brille & t'exprime;
L'air eft plus doux, le jour plus beau;
Le cœur bat, le regard s'anime,
Et l'Univers fort du tombeau.

On tremble, on brûle de connoître;
Sans objet on devient rêveur;
Ces prés, ces bois, l'ombre d'un hêtre
Ont un langage pour le cœur.

TA flamme roule avec les ondes :
Tu hâtes le vol des Zéphirs.
Dans les folitudes profondes
Echo répète tes foupirs.

L'AMANT, qui te redoute encore,
Eft averti par la douleur
Que tes délices vont éclore
Et qu'il eft né pour le bonheur.

DESIR, tu créas les Déeffes,
Et l'Olympe te doit fes Dieux ;
Que feroient-elles fans tes feux ?
Que feroient-ils fans leurs foibleffes ?

TOI feul précipites les bonds
De la Ménade échevelée,
Qui, dans fes tranfports vagabonds,
S'élance au creux de la Vallée.

C'EST toi seul qui fais palpiter
Le cœur de la Nymphe innocente,
Et qui fais si bien l'agiter
Par un plaisir qui la tourmente.

C'EST alors qu'au fond des forêts
Elle s'étonne de ses charmes,
Et cache ses brûlantes larmes,
Doux indices de tes progrès.

HALETANTE, foible, oppressée,
Elle va tomber sur des fleurs,
Conservant malgré ses frayeurs,
Les traits d'Iphis dans sa pensée.

IPHIS paroît, il est charmant :
Tous deux s'embrassent en silence.
Tous deux, grace à leur ignorance,
Sauront profiter du moment.

DÉJA mille friſſons rapides,
Avantcoureurs voluptueux,
Se gliſſant à travers tes feux,
Parcourent leurs lèvres humides.

L'AIMABLE & naïve pudeur
  Ajoute encore à ta puiſſance....
Rien de plus vif que ton ardeur,
Rien d'égal à ton éloquence.

L'AMOUR prépare ta moiſſon.
Du jeune objet qu'Iphis adore
Le ſein s'émeut, & ſe colore...
La roſe échappe à ſon bouton.

DESIR, ton triomphe commence,
  Et tu mêles de la douceur
Même à l'effroi de l'innocence,
Entre les bras de ſon Vainqueur.

Fin du premier Livre.

ÉPITRES.

LIVRE SECOND.

ÉPITRES.

LIVRE SECOND.

A DÉLIE.

PARDONNE aux écarts indiscrets
D'une Muse vive & légere
Qui, ne cherchant qu'à se distraire,
Est toujours franche en ses portraits.
J'ai peint, j'ai trop chéri peut-être
L'Amour qui change à chaque instant ;
Mais j'ai connu l'Amour constant
Dès que je vins à te connoître.

Reçois ces fruits de mes loifirs ;
C'eft à toi que je les dédie,
A toi, qui confoles ma vie,
Qui fais ma gloire & mes plaifirs,
Va , je méprife la fumée
D'un infipide & froid encens.
Je te dois tous mes fentimens ;
Ton fuffrage eft ma renommée.
Le Maître ou le Dieu que je fers,
Parmi les fleurs dont il me lie,
M'offre des Myrthes toujours verds,
Et ton beau nom , jeune Délie ,
Sera trop fouvent dans mes Vers,
Pour que jamais on les oublie.

NINON

NINON

A UN COMTE RUSSE.

Quoi qu'en ait dit votre sot genre-humain,
Je tiens toujours à ma Philosophie.
J'en conviendrai, j'eus l'esprit libertin :
Ce fut par choix, plus que par fantaisie ;
Et je voudrois en reprendre le train,
Pour vous payer de votre apologie.
Mais le Léthé, tempérant nos ardeurs,
Nous investit de son onde mourante ;
Sous nos berceaux il verse les langueurs.
Avec ses flots c'est l'ennui qui serpente.
Vous le savez, une ombre ne peut rien
Que regretter l'amour & ses caresses,
Ses premiers feux, l'heureux tems des foiblesses ;
Ce tems si court que j'employai si bien !

G

Une ombre hélas ! froidement immortelle,
Au doux plaisir ne peut tendre les bras,
Ne peut aimer, ni même être infidelle,
Et l'impuissance est l'Enfer d'ici-bas.

CAUSONS du moins & faisons connoissance,
Eh ! depuis quand vos éternels glaçons
Aux jolis vers donnent-ils la naissance ?
Les ris, le goût, la gaîté de la France
S'envolent-ils vers de froids horizons ?
On m'a souvent conté sur ces rivages
Que votre Czar, soi-disant Créateur,
Voulût polir vos mœurs encor sauvages,
Et détruisît pour être fondateur.
Il élèvoit au milieu des ravages….
Rien n'est moins gaî qu'un tel Législateur.

AUX doctes Sœurs il faut plus de clémence,
Un sol, des mœurs, des climats tempérés,
Et du repos & de la tolérance :
Le Knout sied mal à leurs loisirs sacrés.
Mais, à présent le Nord se civilise,
Je le vois bien : c'est que chez vous, dit-on,
L'autorité fait fleurir la raison ;
Et que le Trône en impose à l'Eglise.

LE Trône est bon ; le boudoir a son prix.
****…. en étoit convaincue.
C'est-là souvent qu'à l'Amour seul rendue,

Elle admettoit ſes jeunes favoris.
L'eſſaim des jeux dans ſes mains ſouveraines
De ſon Etat venoit brouiller les rênes.
Elle accordoit bien politiquement
Les doux ſecrets avec les pompes vaines,
L'art de régner, le Miniſtre & l'Amant,
Les nuits, les jours, les plaiſirs & les peines,
Et ſon royaume & ſon tempérament....
Je le ſens bien, j'aurois régné comme elle,
Et ſûrement vous m'en félicitez.
Vivre n'eſt rien, ſans l'art des voluptés.
Dès le berceau, le deſir nous appelle ;
Et Dieu voulut qu'on lui reſtât fidelle :
Sur ce point - là j'ai fait ſes volontés.
    A MON attrait je pliai mon génie.
Je crus d'abord, en commençant d'aimer,
Qu'un ſeul objet pouvoit remplir la vie ;
De cet eſpoir je me laiſſai charmer ;
J'étois bien tendre, & voulois toujours l'être :
Mais, par degrés, je ſentis la langueur,
Et le dégoût ſe gliſſer dans mon cœur ;
Je réfléchis, & j'appris à connoître.
Je vis l'Amour comme une aimable erreur,
Comme un enfant qui vient pour diſparoître,
Fait pour l'ivreſſe & non pour le bonheur.
Dès ce moment, plus libre & plus ſenſée,

Je me formai des goûts sûrs & conſtans.
Pour mes amis, tréſor de tous les tems,
Je cultivai mon ame & ma penſée,
J'abandonnai le reſte à mes Amans.
J'eus le ſecret de rompre avec décence.
A mes liens ſavoit-on échapper,
Bientôt ailleurs je ſavois m'occuper ;
Le changement m'adouciſſoit l'abſence.
Je prévenois avec dextérité
L'inſtant fatal où la froideur commence,
Et je ſignois des billets de conſtance,
Pour mettre un prix à l'infidélité.
Je conſultois dans mon indépendance,
Mon cœur... ma tête, & tous deux bien ſouvent.
Jamais les rangs, les titres, l'opulence,
S'ils ſe trouvoient dépourvus d'agrément,
Ne m'arrachoient la moindre préférence.
Le goût dans moi ſur l'orgueil prévalut.
Fin, délicat, ayant par excellence,
Le ton qui plaît, St. Evremont me plut.
J'aimai Chaulieu, je dédaignai Chapelle.
Convive heureux, l'un n'étoit qu'amuſant,
Et l'autre étoit (mon cœur me le rappelle)
Auſſi fripon, mais plus intéreſſant.
  Vous le voyez, j'expoſe ici ma vie,
Sans intérêt, ſans faſte, & ſans détours.

En la peignant, vous l'avez embellie :
Sans les farder, j'ai décrit mes amours.
  Ce ton, ces mœurs, cette philosophie
Fixoient chez moi le plus brillant concours.
La liberté, le goût & la folie
Semoient de fleurs le cercle de mes jours.
Tandis qu'au nom de Louis dit le juste,
On gouvernoit bien despotiquement,
Qu'on abusoit d'un pouvoir très-auguste,
Et que l'adresse intriguoit sourdement,
Il est bien vrai qu'au sein de la mollesse,
Des arts chéris, d'un paresseux loisir,
D'un calme doux & de la politesse,
Nous rédigions un Code pour jouir,
Code avoué même par la Sagesse.
Le verre en main, on commentoit Platon.
L'instinct pour loi, des roses pour parure,
L'oubli des soins, le riant abandon,
Nous retraçoient les dogmes d'Epicure,
Et sur nos pas l'indulgente raison
Venoit chanter une Hymne à la Nature.
  O Ciel ! rends-moi ces jours voluptueux !
Si j'eusse été plus rigide & moins sage,
J'aurois osé porter plus haut mes vœux ;
Mais la faveur n'est qu'un exil pompeux ;
J'étois au Port, &, pour braver l'orage,

G iij

Trop de débris avoient frappé mes yeux.
Tendre victime, aimable la Valiere,
Qu'amour en pleurs fuit encore aujourd'hui
Sous les cyprès de ce bois folitaire,
Quels noirs chagrins ont troublé ta carrière !
Que ton éclat s'eft vîte évanoui !
Auffi pourquoi, trop douce & trop fincère,
T'avifois-tu d'aimer un Roi pour lui ?
De cet abus tu vois quelle eft la fuite.
En y cédant on fe voue à l'ennui,
On vit en dupe & l'on meurt Carmelite.
    Pour *** je ne l'aimai jamais.
Prude au cœur faux, fe croyant Philofophe,
Et bel efprit fans en avoir l'étoffe,
Elle eut toujours bien plus d'art que d'attraits.
Son air dévot, fes myftiques adreffes,
L'activité d'un manége prudent
Sanctifioient fes utiles foibleffes.
Son Confeffeur étoit fon confident.
Elle mêloit le divin au profane,
Et s'ennuyoit majeftueufement
Entre les bras de fon augufte Amant,
Reine le jour, & la nuit Courtifanne.
Sa Grandeur même étoit fon châtiment.
    Mais laiffons-là mon fiècle pour le vôtre.
Eft-on plus doux, plus fage ou plus heureux ?

Cet âge-ci l'emporte-t-il sur l'autre ?
Les sots toujours ont-ils le sort pour eux ?
Fait-on des loix exprès pour les enfreindre ?
S'égorge-t-on dans ce tems comme au mien ?
Les Rois encor se brouillent-ils pour rien,
Et les bigots sont-ils toujours à craindre ?
Peut-on penser, écrire impunément ?
Quel bien a fait votre Encyclopédie,
De vos progrès éternel monument ?
Vous apprend-elle à chérir la Patrie,
A devenir un plus sensible Amant,
Un fils plus tendre, à surmonter l'envie,
A vous mieux battre… à souper plus gaîment ?
Car les soupers font l'ame de la vie,
Et sont les fruits d'un bon gouvernement.

    Un mot encor : si vous voulez me plaire,
Dépêchez vîte au vieux Anacréon
Qui fit Mérope & fut mon légataire.
Envoyez-lui les vœux de Saint-Aulaire,
De Charleval, du Prieur d'Oleron.
Dites-lui bien qu'on lui garde une place
Entre Lucien, Sophocle & Cicéron ;
Qu'on y lira ses vers si pleins de grace,
Et qu'il sera couronné par Ninon.
Mes yeux ont vu cet astre à son aurore ;
J'ai vu bientôt son essor plus hardi.

G iv

Ses derniers feux étincellent encore ;
Et son couchant ressemble à son midi.
Ah ! de ma part consolez sa vieillesse,
Et mandez-lui qu'il a bien deviné ;
Qu'au tribunal de l'auguste sagesse
Pécheur aimable est toujours pardonné ;
Qu'elle tolère un tant soit peu d'ivresse,
Un Vers malin, un Couplet bien tourné,
Et l'amour-propre, & même une Maîtresse ;
Que l'on peut rire, & qu'on n'est point damné.

A LA LUNE.

Des Nuits fantafque Souveraine,
Toi, qui d'abord en beau croiffant,
Parois sous un dôme d'ébène,
Et vas toujours t'arrondiffant :
Ecoute un fou qui de ta grace
Plus d'une fois fut enchanté,
Et qui, s'égarant fur ta trace,
Au doux rayon de ta clarté,
Aime à pourfuivre dans l'efpace
Ta vagabonde majefté.
Quoique le jour te difcrédite,
J'ai beaucoup de refpect pour toi,
Depuis que j'ai fçu qu'on t'habite,
Qu'on extravague fous ta loi,
Que tu contiens dans ton orbite
Des maifons, des clochers qu'on cite,
Des Curés prêchant pour la foi,
Et quelque chofe qui s'agite ;

Qu'enfin chez toi l'on trouve auffi
Plus d'une Nymphe blonde ou brune,
Et , que tout ce qu'on fait ici ,
On peut le faire dans la Lune.
    Dans fes loifirs intéreffans ,
Autrefois le bon Fontenelle ,
Fit de l'efprit à tes dépens ,
Et t'accabla comme une belle
De Madrigaux affoupiffans.
Tu t'es , je crois , bien amufée
Des phioles de Cyrano ,
Ce Philofophe en domino ,
Digne d'eftime & de rifée.
Je ne veux point en vérité ,
Comme ce Bergerac vanté ,
Dans les airs m'ouvrant un paffage
Au gré d'un mobile aimanté ,
Chez toi faire un fecond voyage :
Mais je prétends fans verbiage
Avec toi conclure un traité.
Du globe appellé fublunaire
Je fuis Plénipotentiaire ,
Par d'illuftres fous député ,
Et nous pouvons parler d'affaire.
    Voici le fait. Certain Lutin ,
Qui , voyageur très-volontaire ,

Sur un beau rayon gris-de-lin,
Va galoppant dans l'Atmofphère,
M'a dit à l'oreille, un matin,
Qu'il te trouve un peu folitaire.
Trop peu de gens meublent ta fphère;
A mon gré ce monde eft trop plein,
(Les fots font foule fur la terre)
Et je voudrois avec raifon,
Sauf cependant l'avis d'un autre,
Accrocher à ton tourbillon
Ce qui m'a choqué dans le nôtre.
On dit qu'on mene tout à bien
Avec la puiffance attractive :
J'aurai befoin de ce moyen
Pour que, fans te fruftrer de rien,
Par les airs notre envoi t'arrive.
Mais convenons : je te préviens,
Sans vouloir employer la rufe,
Que fur ce globe je retiens
Tout ce qui l'inftruit, ou l'amufe;
Les bons écrits, les jolis riens,
Nos beaux efprits fans infolence,
Nos agréables libertins,
Nos convives fans pétulance,
Quelques-unes de nos Catins;
La fageffe, l'étourderie,

Le ton, la grace & les travers
De notre bonne compagnie,
Les grands livres, les petits vers,
Zadig, & l'Encyclopédie ;
Nos Moralistes consommés,
Nos Silphides aux goûts fragiles,
Bâtissant à nos yeux charmés
Les édifices emplumés
De leurs coëffures volatiles :
Les airs de Gluck & de Floquet,
Les arts, les loix, les ariettes,
Buffon, Jean-Jacques & Gresset,
Nos connoissances, nos bluettes,
Ce qu'on admire & ce qui plaît,
Et les *Penseurs*, & les Coquettes.

Dût la clause avoir des frondeurs,
En la tenant, fais ton partage.
Attire à toi ces beaux diseurs,
Plaisans surannés d'un autre âge,
Et les martyrs du persifflage,
Dont ils furent les inventeurs ;
Ces Poëtes de fantaisie,
Guerriers, Amans, Auteurs benins
Qui, dans leur noble frénésie,
Font gémir de leurs Drames nains
Les tréteaux de la Bourgeoisie ;

Ces Colonels Légiſlateurs,
Qui, fiers de leurs doctes proueſſes,
Dreſſent un Code pour les mœurs
Dans le boudoir de leurs Maîtreſſes :
Tous ces eſpiegles clandeſtins
Dont la Muſe très-occupée
Fait de petits extraits malins
Pour s'élever à l'Epopée ;
Ces Athletes infortunés
Qui, ſe préſentant ſur l'arène,
De linceuls encapuchonés,
Riſquent au grand jour de la ſcène
Leurs funèbres colifichets,
Et du noir charbon des Anglois
Ont barbouillé leur Melpomène.
Prends encor, prends ſi tu le veux,
Ces Oreſtes ſi langoureux,
Aux ſens flétris, aux cœurs malades,
Qui, très-paſſionnés pour eux,
Sont de glace pour leurs Pilades ;
Ces Bouffons cités & courus,
Qui penſent enchanter la Ville,
Et prennent le beguin de Gille
Pour la couronne de Momus ;
J'ai lu, je ne ſais quel Sage,
Que chez toi l'on dort ſobrement,

Mais fais-y lire quelque ouvrage
De nos Zoïles d'à préfent,
On y dormira davantage ;
Pour cet effet ils font divins,
Et tout veut que je t'en réponde.
Un feuillet de ces Ecrivains
Suffit pour affoupir un Monde.

    ENFIN, fi cette offre te plaît,
Elève à toi ces beaux génies
Qui te conviennent tout-à-fait.
Ces Peuplades, ces Colonies,
Se formeront dans le trajet,
Et c'eft un Univers tout fait,
Qui dans le tien trop imparfait,
Va fonder des Académies.

AUX POETES
MODERNES.

Amans des Muses, pauvres diables,
Qui courez à la gloire au milieu des sifflets,
Et qui vivez bien misérables
Dans le risible espoir de ne mourir jamais ;
Vous arrivez trop tard : Apollon se repose,
Il laisse pendre aux chênes d'Hélicon
Sa vieille couronne de rose.
Dans l'âge heureux de la raison
On n'est plus rien que par la prose.
La rime agonisante a perdu son renom ;
Au beau Sexe lui-même elle cesse de plaire ;
Témoins nos Femmes du bon ton.
Un Luth galant ne sauroit les distraire.
De la Maîtresse de Cléon
J'ai vu gémir la chiffonniere
Sous le grave poids d'un Bâcon.

Locke enivre Chloé, Lise la Minaudière,
Anone doctement Colins & Warburton,
            N'applaudit, n'admire Voltaire
            Que quand il explique Newton,
            Ou raisonne sur la lumière.
            Doris raffole de Platon,
            Découvre un Monde imaginaire,
        Avec Descarte habite un tourbillon,
Goûte Tycobrahé, veut expliquer la Sphère,
Et croiroit déroger en lisant Pavillon.
Qu'ÊTES-VOUS devenus, Hôtel de Longueville,
            Boudoirs de Sceaux, Jardins d'Anet ?
Les jeux aux vrais talens ouvroient ce triple asyle :
La riante beauté sans orgueil y brilloit,
            Et la Muse la plus facile
            Etoit celle qu'on accueilloit.
Dans un Temple charmant que le goût se rappelle,
            Et dont lui seul étoit le Dieu,
            L'Amour avoit une Chapelle
        Que desservoit le Grand-Prêtre Chaulieu,
Pontife un peu goûteux, mais célébrant fidelle,
        Et digne en tout des Prêtresses du lieu.
            Là, jamais n'entra la Sagesse
À moins qu'elle n'eut pris un hochet à la main,
        Et ne semât des fleurs sur le chemin
            Qui mene l'homme à la vieillesse.

On

On n'y difoit pas quatre mots
Sur la cherté des grains ou les effets royaux.
Les Miniftres régnans, leur faveur, leurs difgraces
Ne venoient point attrifter les propos.
En chœur on y buvoit aux graces,
Ou, s'il étoit aimable, on chantoit un héros.
Aujourd'hui, quelle différence !
L'ennui préfide à nos repas,
On n'y rit plus, on n'y boit pas,
Mais on differte, mais on penfe :
Des buveurs d'eau la froide engeance
Ofe armer Comus d'un compas,
A fes côtés fait affeoir l'abftinence,
Et régle à l'entremets le deftin des Etats.
Et puis, faites des Vers ! partout de froids Ariftes,
Des gens fobres, des Protecteurs !
Citez-moi, s'il vous plaît, deux accidens plus triftes
Que des dîners d'Agriculteurs
Et des foupers d'Economiftes (*).
J'aime les Fous à table, & non pas les Docteurs.

(*) Cette plaifanterie ne peut regarder les Chefs de cette Société, vraiment eftimables par leurs travaux & par leurs intentions ; j'aime à profiter de leurs lumières, & je m'honore de leur amitié. On n'attaque que l'abus du bien, & non le bien lui-même.

A L'AMOUR.

Toi que je sers dès ma tendre jeunesse,
Doux imposteur, qui m as seul occupé,
Qu'on aime encor lorsqu'on en est trompé,
Prête l'oreille aux vœux que je t'adresse.
　　Mon malheur naît de ma félicité.
Celle que j'aime, Elmis a tous les charmes,
Dans ses regards se peint la volupté :
Pour vaincre mieux tu lui remis tes armes :
Là, c'est la grace ; ici, c'est la beauté.
Dès qu'on la voit, une soudaine ivresse
Agite l'ame, & court dans tous les sens.
Le cœur ému recueille ses accens :
Sa voix séduit ; son silence intéresse.
Dons superflus sans celui des desirs !
Ce feu, ce trouble, où leur bienfait nous laisse !
Heureux tourment!... qui manque à ma Maîtresse!...
Elmis a tout, excepté les plaisirs.

A ses côtés quand mon ame brûlante
S'abandonnoit à son ravissement,
Elmis, hélas ! languissoit dans l'attente :
Ses sens trompés trompoient mon sentiment ;
Et sa tendresse inquiette & tremblante
Rêvoit le bien que goûtoit son Amant.
Quoi ! mon Elmis, & si jeune & si belle,
Ne peut saisir ta plus chere faveur !
On l'idolâtre, on lui doit son bonheur !
Et le bonheur n'existe pas pour elle !
Quand mes baisers dévoroient ses appas,
D'un sein naissant quand les roses timides
Disparoissoient sous mes lèvres avides,
Quand le plaisir m'enchaînoit dans ses bras :
Dans ces momens d'ivresse & de féerie,
Où l'ame échappe & va s'ouvrir les Cieux ;
Dans ces momens, où l'Amante embellie
Par l'abandon le plus voluptueux,
Meurt & renaît, retombe anéantie ;
Renaît encor, donne & reçoit la vie. …
Dans ces momens, quoi ! j'étois seul heureux !
Elmis !… ô Ciel !… sa froideur est mon crime :
N'inspirant rien, je n'ai rien mérité.
Son cœur attend qu'un autre cœur l'anime.
Tous les plaisirs sont faits pour la beauté ;
Et si l'Amour, si l'Amour en colère

H ij

Avoit formé d'infenfibles appas,
L'Amant eft Dieu du moment qu'il fait plaire ;
Il doit créer ce qui n'exifte pas.

Sois libre, ordonne, ô ma belle Maîtreffe !
Reprends ton cœur fi ton cœur s'eft trompé.
Par d'autres vœux ce cœur préoccupé
N'eft point à moi puifqu'il eft fans ivreffe :
Mon trône, hélas ! n'eft qu'un trône ufurpé.

Pardonne, Amour, un tranfport qui l'offenfe !
De quoi fe plaint mon efprit égaré ?
A mes Rivaux fon choix m'a préféré :
Je vois encore un rayon d'efpérance.
Sers un Amant, & tout eft réparé.
Dans ce moment, ta chaleur renaiffante
Vit fous les eaux, court embrâfer les Cieux,
Le defir règne, & peut-être fes feux
Vont fe gliffer au fein de mon Amante.
Pour confirmer ces rêves enchanteurs,
J'irai ce foir, oui, j'irai la furprendre
Sous ces bofquets, fous ces voûtes de fleurs,
Où tant de fois mon amour vint l'attendre.
De l'air plus doux les fuaves odeurs,
L'azur des Cieux plus tranquille & plus tendre,
Je ne fais quoi que tu pourras m'apprendre,
L'ombre & la paix, le filence & mes pleurs
L'inviteront au plaifir de fe rendre.

J'implore alors tes utiles faveurs :
Alors, caché fous le fombre feuillage,
Au-deffus d'elle agite ton flambeau ;
Des Roffignols échauffe le ramage ;
Inftruis l'Amant, enchante le berceau,
Et donne une ame à ton plus bel ouvrage.
Mes vœux, Amour, doivent être les tiens.
Fais-toi connoître à celle que j'adore ;
Je ne veux point d'un bonheur qu'elle ignore :
Rends-lui des fens, ou, prive-moi des miens !

A
LA NOUVELLE HÉBÉ.

Il est une Hébé douairière ,
Qui verse à boire dans les Cieux ,
Va promenant, de Dieux en Dieux ,
Et sa guirlande, & son aiguiere ,
Et sa jeunesse séculaire.

Moi , je connois Hébé d'Hervieux ,
Qu'à son ancienne je préfère.
Semblable à la fleur printannière ,
A l'Amour, quand il a des yeux :
Son sourire fait des heureux ,
Jugez , si son cœur en doit faire.
Paroît-elle ? on est amoureux ;
On soupire , en attendant mieux :
Elle nous tient par mille nœuds ,
Et nous enivre sur la terre.

Toi , dont la grace est le seul fard ,
Toi , la seule Hébé que j'adore ,

Je t'écris ces Vers au hazard,
Et j'ai tant pris de ton nectar,
Que la tête m'en tourne encore.
Joli minois, esprit charmant,
Babil qui plaît par sa finesse;
Dans toi, tout séduit, intéresse,
Tout décéle ce sentiment
Qui sert d'excuse à la foiblesse,
Et de nouveau piége à l'Amant.
Eh! dis-moi donc; l'Hébé qu'on cite
A-t-elle ces vives couleurs,
Ce teint qui fait pâlir les fleurs,
Qui les efface ou les imite?
A-t-elle ce port, ce maintien,
Ce front où la gaîté respire;
Ces beaux yeux qui disent si bien
Ce que ton ame leur fait dire?
Cette taille aux légers contours;
Et ce pied, délicat augure
Qui donne au desir la mesure
Du sanctuaire des amours?
A-t-elle enfin par excellence
Ces mouvemens si déliés,
Ces balancemens variés,
Et mesurés par la cadence;
Ces bras flexibles, cette aisance,

Ces pas avec art mariés,
Et la fouplesse de ta danse?
　　RIANTE image du Printems,
Triomphe ; Hébé te rend les armes :
Tu l'emportes par les talens ;
Et par le nombre de tes charmes,
Et par celui de tes Amans.
　　ALCIDE adora l'immortelle ;
Et, fi ma mémoire est fidelle,
On lit, aux fastes de Paphos,
Qu'il fêta tant de fois la belle
Que ce fut un de ses travaux.
Je n'ai point d'orgueil ridicule :
Je t'avouerai de bonne foi,
Que je ne fuis point un Hercule.....
Mais, je le deviendrois pour toi.

LE
PREMIER SENTIMENT.
A THÉMIRE.

Un goût passe, une fantaisie
Fuit sur les aîles du moment ;
Mais, Thémire, un vrai sentiment
Laisse des traces sur la vie.
De ce premier enchantement
L'ame en secret toujours remplie,
S'en distrait douloureusement,
Et presque jamais ne l'oublie.
Lui seul, hélas ! est le bonheur ;
Chaque plaisir qui le remplace
N'est qu'une rapide lueur
Qui n'arrive point jusqu'au cœur ;
Un rien la forme, un rien l'efface.

Je l'avouerai, jufqu'à ce jour,
Préoccupé de ton image,
J'amufai mon efprit volage,
Pour garder mon cœur à l'amour.
Ses feux ont dormi fous la cendre,
Un fouffle peut les rallumer;
Et l'habitude de t'aimer
Peut facilement fe reprendre.
L'amour n'eft point encor dompté,
Ou du moins il ne doit pas l'être,
Quand le tems n'a rien emporté
Des traits charmans qu'ils ont fait naître.

MES ERREURS.

PAUVRES Muſes, que je vous plains !
Les teintes ſombres de la haine
Ont défiguré vos jardins ,
Et noirci votre eau d'Hyppocrène.
Faut-il vous fuir ? Ciel ! que j'en veux
A ma Janſéniſte de Tante !
Emporté par mes premiers vœux ,
Je méditois un vol heureux
Vers une gloire plus brillante.
Vous , toujours préſens à mon cœur ,
Héros que Vénus favoriſe ,
Et dont elle aime la valeur ,
Parmi vous régnent la franchiſe ,
La loyauté , la bonne humeur.
L'amitié , l'amour & l'honneur ,
Telle eſt , je crois , votre deviſe.

Ma vieille Tante s'en moqua,
Et, de par Quesnel, me damna.
J'étois sous sa tutelle austère :
Il fallut subir ses décrets,
Et quitter l'école guerrière
Que me rappellent mes regrets.
Adieu mes belliqueux projets !
Adieu la palme militaire
Et mes combats & mes succès !
Force invisible ! ô providence !
Quels sont tes décrets absolus !
Peut-être, sans Jansénius,
J'eusse été Maréchal de France.

  Tous mes beaux rêves disparus,
L'ame vuide & désoccupée,
Je reportois un œil confus
Sur toute ma gloire échappée :
Mes vœux flottoient irrésolus.
Des camps transfuge involontaire,
L'honneur encor me rappelloit ;
Le myrte ne me flattoit guère :
C'est un laurier qu'il me falloit.

  Tout-a-coup, sous un Ciel perfide
D'où jaillissent mille rayons,
Je vois resplendir les beaux noms
Et de Sophocle & d'Euripide.

Gravés par le burin d'un Dieu,
Dans un cadre qui s'illumine,
Je vois briller en traits de feu,
Ceux de Corneille & de Racine.
La tranquille immortalité,
Au-deſſus de ces noms célèbres,
Planoit avec ſérénité,
Et, verſant des flots de clarté,
Chaſſoit les auguſtes ténèbres
Qui couvrent la poſtérité.

ENTOURÉ de tous les preſtiges,
Eclos d'un eſprit enflammé,
Je reſſens les premiers vertiges;
D'un poignard, mon bras eſt armé;
Ma tête enfante des prodiges,
Et voilà mon cœur allumé.
Dans mon cabinet ſolitaire,
Je ſoupire en ſons cadencés,
J'évoque des mânes glacés,
Et je leur donne un caractère.
J'habille un ſpectre de lambeaux;
Il perce une longue enfilade
De voûtes ſombres, de flambeaux,
Et vient tout exprès des tombeaux,
Pour débiter une tirade,
Et faire peur à mon héros.

J'ordonne : un ouragan s'élève ;
Les vents font bouillonner les eaux ;
L'éclair part, le nuage crève :
L'abîme engloutit les vaisseaux.
Hélas ! rien échappe à l'orage,
Si ce n'est un Prince charmant,
Qui, plein d'amour & de courage,
Traverse l'humide élément,
Et, tout transi, vient à la nage,
Pour réchauffer mon dénoûment.

   On affiche le phénomène,
Et c'est alors que par degrés,
La raison enfin me ramène,
Et parle à mes sens égarés.
A mes yeux que la foudre éclaire,
Déjà se couvre d'un brouillard,
Cette éblouissante atmosphère,
Ce pur océan de lumière,
D'où les Maîtres fameux de l'art
Lancent leurs rayons sur la terre.
Au lieu de jardins couronnés
Par les palmes les plus fleuries,
Je vois des bords abandonnés,
Où mille serpens déchaînés
Sifflent à travers des orties ;
Je vois des guirlandes flétries,

Quelques lauriers infortunés,
Que se disputent des Furies,
Et de leur souffle empoisonnés.

FRAPPÉ de cette horrible image,
Battu des flots, triste & rêveur,
J'errois seul le long du rivage :
Soudain, s'échappant d'un nuage,
Une Muse, au ton séducteur,
Se présente sur mon passage.
« Fuis, me dit-elle : pour jamais
» Quitte les hauteurs du Parnasse ;
» Mais prends la clef de ses bosquets,
» Que je fis planter pour Horace ».

JE crus la Muse, & m'enfonçai
Sous ces mystérieux ombrages,
Où l'on revoit encor tracé
Le nom des plus aimables Sages.
Cherchant dans ce paisible lieu
La route la plus détournée,
Sous les regards même du Dieu,
Je ramassois, de son aveu,
Quelque fleurette abandonnée
Ou par Chapelle, ou par Chaulieu.

CE calme, hélas ! ne dura guères :
Jaloux de ma sécurité,
Bientôt on vint de tout côté

Flétrir les rofes éphémères,
Dont je couronnois la beauté.
Au lieu des paifibles Bergères,
Compagnes de ma liberté,
Je vis mon afyle agité
Par les Bacchantes littéraires,
Qui vinrent troubler les myftères
Du Dieu charmant que j'ai chanté.
  Moins fenfible, on devient plus fage.
Las d'être ainfi perfécuté,
Je me fauvai par la gaîté,
Et quelques mots de perfifflage.
Dans les frivolités d'ufage,
J'égarai mes vœux étourdis;
Je fus amoureux & volage;
On me trompa, je le rendis.
A nos mœurs pliant mon génie,
Au hafard promenant ma foi,
Je fis fonner autour de moi
Tous les grelots de la folie.
Des amateurs les plus hupés,
Je bravai les ligues fecrettes,
Et la juftice des toilettes,
Et l'anathême des foupés.
Je fis des Drames lamentables,
Des Vers malins, des Madrigaux,

Et

Et des Epitres fort coupables,
Où j'ôtois le masque à des sots,
Assurément très-respectables.
Nouvelles amours, Vers nouveaux :
De mes jours c'étoit le système,
Et j'avois un plaisir extrême
A me moquer de mes travaux.
Qu'il est insensé, qu'il est dupe,
Celui qu'attriste son talent !
Tant qu'il amuse, il est charmant :
Il perd son prix, dès qu'il occupe.

    QUELS attraits a donc ce vain bruit
Que l'on appelle Renommée ?
Ah ! trop souvent cette fumée
Egare ceux qu'elle séduit.
Un Citoyen époux & père,
Disoit un jour avec regret :
Jusqu'à présent je n'ai rien fait,
Et j'avance dans ma carrière ;
Mon siècle à peine me connoît.
Tu n'as rien fait, lui dit un Sage,
Qui ne l'étoit point à demi !
Quoi ! n'as-tu point dans son naufrage,
Aidé quelquefois ton ami,
Et cultivé ton héritage ?
N'as-tu point joui de tes sens,

I

Du témoignage de ton ame,
Vu le sourire de ta femme,
Et le bonheur de tes enfans ?
Eh ! vis, savoure l'existence ;
Sois bon, sensible, généreux ;
Apprends surtout l'art d'être heureux :
Voilà de l'homme la science :
Tu n'as rien à faire de mieux.
    J'entens d'ici crier nos Maîtres :
« Les beaux conseils ! tout est perdu !
» Eh quoi ! dans *l'échelle des êtres*,
» On souffre un tel individu ! »
Ma confusion est extrême :
Mais, j'en conviens naïvement,
Rebelle à leur pouvoir suprême,
Et frivole profondément,
J'ai mérité cet anathême.
Car enfin, tout bien calculé,
Est-il démontré que je pense ?
Ai-je, Economiste zélé,
Risquant des calculs d'importance,
D'écrits solides sur le blé,
Alimenté toute la France ?
Le vent, de Montmartre à Pantin,
Grâce à mon art scientifique,
Fait-il tourner un seul moulin

Qui foit forti de ma fabrique ?
Qu'eft-ce qu'on m'a vu concevoir
Pour les progrès de la culture ?
Ai-je inventé quelque femoir ?
Et qu'ai-je dit fur la mouture ?
Sans titres, m'arrogeant des droits,
Ai-je, plein d'une noble audace,
Commenté le texte des loix,
Et donné des leçons aux Rois,
Qui n'aiment pas qu'on leur en faffe ?
J'interdis à mon Apollon
Le dédale diplomatique,
Et laiffe le corps politique
Vaciller dans fon tourbillon ;
Je ne connois point cette emphafe
Qui met les têtes à l'envers,
L'art d'enfermer dans une phrafe,
La Morale de l'Univers :
Dans fes folles métamorphofes,
Mon efprit, errant au-dehors,
Ne fait point faifir les rapports,
L'enfemble harmonique des chofes,
Et leurs invifibles accords.
Mais je fais rire en récompenfe,
Et même rire à mes dépens ;
Tous les matins, dans le filence,

MÊLANGE

Je vais brûler un grain d'encens
Sur l'autel de la tolérance :
Je persiffle avec assurance,
Ces Egoïstes sourcilleux
Qui ne permettent pas qu'on pense,
A moins qu'on ne pense comme eux.
Trop fier pour descendre à l'intrigue,
Je fuis les sentiers tortueux :
La palme qu'emporte la brigue
Cesse d'en être une à mes yeux.
L'ombre du crédit m'importune :
Loin de courtiser la faveur,
Si je veux rencontrer un cœur,
Je le cherche dans l'infortune.
Je ne me laisse point charmer
Par l'éclat d'un luxe stérile ;
Plus mon ami peut m'être utile,
Moins j'ai de plaisir à l'aimer.
J'honore les rangs & les titres,
Mais sans jamais m'en étayer :
Au coin de mon humble foyer,
Mes sentimens sont mes arbitres,
Et je m'appartiens tout entier.

   QUANT a cette vertu secrette,
A ce méchanisme caché
Qui fait rouler notre Planette,

Je n'en fais rien, la chofe eft nette,
Et n'en fuis point du tout fâché :
Ma raifon, qui de foi difpofe,
Sans tous ces calculs imparfaits,
Sur l'ordre établi fe repofe,
Et je profite des effets,
Sans trop analyfer la caufe.

PENSEURS célèbres, pauvres gens,
Qui, fur le fyftême du monde,
Balbutiez vos argumens,
Et dont l'ignorance profonde,
Depuis plus de quatre mille ans,
Des mêmes erreurs nous inonde,
Sous mille titres différens !
Vous m'amufez bien, je vous jure,
Et j'aime votre férieux,
Lorfque, rêvant à l'aventure,
Chacun de vous, à qui mieux,
Croit deviner la contexture
De ce globe myftérieux,
De ce grand corps de la nature
Dont le Moteur eft dans les Cieux.
Cette ame partout répandue,
L'un dans le feu croit la trouver :
L'autre foutient, & croit prouver,
Que c'eft l'eau qui la diftribue.

Cet autre, bavard éternel,
Adopte l'air qui l'environne
Pour le mobile universel,
Et s'en nourrit, quand il raisonne.
Celui-ci se bat pour le plein :
Celui-là se perd dans le vuide.
Au grand tout, chef-d'œuvre divin,
L'un veut que le hazard préside :
L'autre y soupçonne du dessein.
Tantôt la matière engourdie
Est brute oisive & sans ressort ;
Et tantôt, pleine d'énergie,
L'Univers lui doit son accord.
Eh ! de cet embarras extrême,
Qui vous empêche de sortir ?
Adorez un Etre suprême,
Sans chercher à le définir :
Qu'il soit de tout cause première ;
Qu'il anime les élémens,
Sème dans les airs transparens
Les globules de la lumière,
Et nous la jette par torrens ;
Qu'il ait une puissance entière
Sur la mort, la vie & le tems :
Dès-lors, raisonneurs inutiles,
Si par lui tout est dirigé,

Repofez-vous, dormez tranquilles :
Voilà votre globe arrangé.

MAIS que fais-tu, Mufe perfide,
Mufe rebelle à mes leçons ?
Arrête à la voix de ton guide ;
Crains le fouffle des aquilons.
Laiffe, laiffe l'aigle intrépide
S'élancer au fommet des monts,
Et rafe, hirondelle timide,
L'étang qui dort dans nos vallons.
Malgré le zèle qui t'infpire,
Tes efforts font foibles & vains ;
Satisfaits d'aimer les Humains,
N'afpirons point à les inftruire.

REVENEZ vîte, revenez,
Amour, féduction, folie !
Les liens dont vous m'enchaînez
Me font feuls tenir à la vie.
Vous que j'adore, êtres charmans,
Dont l'image feule intéreffe,
Qui jouez avec le printems,
Réchauffez l'automne des ans,
Et reffufcitez la vieilleffe,
Difpofez de mes fens troublés ;
Belles Circés, tendres Syrènes,
Ah ! commandez en fouveraines,

Et trompez-moi, fi vous voulez.
Vous favez changer en délices
Les peines dont nous foupirons:
Malheur aux trop prudens Ulyffes
Qui ferment l'oreille à vos fons!
Parez de fleurs mes avirons,
Et qu'au fein des plaines profondes,
Bercé par vos illufions,
Mon vaiffeau gliffe fur les ondes,
Au bruit flatteur de vos chanfons!

D'UNE rêverie inquiette,
Ne fuivons point l'égarement.
Dans l'avenir dès qu'on fe jette,
On fait un larcin au préfent.
Songeons, lorfque le jour commence,
A l'embellir jufqu'à la fin:
Gardons toujours une efpérance,
Pour l'oppofer au noir chagrin,
Pour les revers un front ferein,
Pour l'inftant une jouiffance,
Un defir pour le lendemain.

A DÉLIE.

Qu'un autre chante les faveurs,
Le prix, dont sa flamme est suivie,
Pour moi, jeune & belle Délie,
Je rendrai grace à tes rigueurs.
Par toi mon ame est rajeunie ;
Je retrouve mes premiers feux,
Mes soins, mon trouble, ma folie ;
Je crains, j'attends, je me défie ;
Je suis agité, furieux....
Ah ! combien je te remercie
De me rendre si malheureux !
Une volage indépendance
Egaroit mes vœux indécis,
Et j'avois besoin, j'en rougis,
Des froids plaisirs de l'inconstance.
Aujourd'hui quelle différence ?

Je suis fidèle.... sans bonheur !
Tu viens de me créer un cœur,
Pour mes sens tout est jouissance.
Il est revenu l'enchanteur
Qui met un prix à l'existence
Qui prête un charme à la douleur,
Et nous retient par l'espérance.

J'AI cru long-tems que la gaîté
Pourroit me fixer par ses charmes,
Mais le rire est sans volupté :
Peut-être est-elle dans les larmes.
Long-tems j'ai vu sans nul effroi
La foule encenser ma Maîtresse ;
Aujourd'hui la foule me blesse ;
Aujourd'hui, félicite-moi,
Tout y déplaît à ma tendresse ;
Tout m'y dépite contre toi.
Je hais les Vers qu'on vient te lire,
Ton doux parler, tes doux propos ;
J'abhorre jusqu'à ton sourire,
S'il est vanté par mes rivaux.

UN sommeil pesant & stupide
Jadis de ses tristes vapeurs
Enveloppoit mon ame aride,
Et m'accabloit de ses langueurs ;
A présent du moins la nuit même

M'enflamme & m'agite à son tour ;
Plus de repos depuis que j'aime,
Tous mes instans sont pour l'amour,
Ou si je m'endors, ma Délie,
Un songe me rend mes fureurs,
Mon ivresse & ma jalousie. . . .
Je trouve partout les malheurs
Qui font le charme de ma vie !

AU

CHEVALIER BONARD.

Toi, qui pour battre la Raison
Pris les hochets de la folie ;
Toi, qui promets à ta Patrie
Le philosophique abandon,
Les mœurs, l'aisance & le génie
Du paresseux Anacréon ;
J'ai lu vingt fois tes Vers aimables,
Par le goût même ils sont polis ;
Chapelle en faisoit de semblables,
Je souffre moins, quand je les lis.

   Oui, le premier trésor du Sage,
Je le sens bien, c'est la santé ;
Sans elle, il n'est plus de bel âge,
Sans elle, adieu la volupté !

Dans un corps que le mal ravage ;
En dépit de fa dignité,
L'ame joue un fot perfonnage,
Et l'œil de la Divinité
Y cherche à deux fois fon image.

    QUANT à l'Amour, ce cher Vaurien,
Il fuit les rideaux d'un Malade,
Pour aller faire une efcapade
Près de ceux qui fe portent bien ;
Le frippon eft toujours le même
Toujours volage, & fans pitié :
Mais fi je m'en vois oublié ;
S'il défefpère un cœur qui l'aime ;
Dépendant fans être lié,
Je foule à mes pieds fes guirlandes,
Et je tranfporte mes offrandes
Sur les Autels de l'Amitié.

A UN SUISSE.

Suisse maudit, laisse-toi donc fléchir ;
Ouvre un moment ; es-tu sourd ? Qui t'arrête.
Des toîts bruyans la grêle bat le faîte ;
De traits perçans le froid vient m'assaillir ;
Eole exprès déchaîna la tempête.
Sois moins cruel, & viens à mon secours.
Léger de poids, délié d'encolure,
Je puis passer par la moindre ouverture,
Et de côté ; j'en rens grace aux amours ;
Ils peuvent tout : ce sont eux dont l'adresse
Du jeune Amant tient les pas suspendus,
Lorsqu'à travers les piéges des Argus,
Il sait trouver le lit de sa Maîtresse.
Viens, hâte-toi ; je marcherai sans bruit,
Et sans frayeur : pour l'assassin lui-même
On est sacré, du moment que l'on aime.
L'audace inspire & le desir conduit.

LE traitre!... il dort, quand je me défespère.
Ah! cœur de bronze! ainfi tes foins jaloux
En pleine paix me déclarent la guerre!
Que t'ai-je fait?...enflammé de courroux,
Viens-je brifer les gonds & les verroux?
Viens-je, à main forte, écarter la barrière
Que l'on oppofe à mes vœux les plus doux?
Hélas! je n'ai d'arme que la prière :
Privé d'appui, pour combattre à mon tour,
Je ferois feul, fans ce frippon d'Amour,
Dont, par malheur, je ne puis me défaire.
La nuit s'avance.... Ouvre.... c'eft trop prier,
Puiffant Borée, exhale ta furie;
Abbats la porte, & furtout le Geolier!
Pour me fervir, fouviens-toi d'Orithie;
Tu l'adorois, tu n'as pu l'oublier.
J'implore ici tes fougueufes haleines.
En ma faveur ton courroux doit s'armer;
Quand tu le veux, tu renverfes des chênes,
Venge un Amant, puifque tu fais aimer.

CIEL! qu'ai-je dit? quel fouhait téméraire!
Des fiers Autans impitoyable Roi,
Duffent tes coups fe tourner contre moi,
N'éveille pas la beauté qui m'eft chère.
Ravage tout; mais refpecte ces lieux :
Fuis, fuis loin d'elle; & vous, rofes naiffantes,

Qui de Zélis deviez parer le sein,
Aimables fleurs, vous, que sa belle main
Devoit mêler à ses tresses flottantes,
Vous, seuls témoins d'un vœu mal exaucé,
De mes soupirs, de mon ardente ivresse ;
Par vos débris, symboles de tristesse,
Marquez le tems.... que j'ai si mal passé!

A

A THÉMIS.

Au tems de Rhée, en ces jours fabuleux,
Tu vins, dit-on, visiter notre Terre :
Mais l'Homme, hélas! ébauché par les Dieux,
Sa cruauté, son orgueil, sa misère,
Tous les excès que le Soleil éclaire
T'eurent bientôt fait remonter aux Cieux.
Tu parus peu sous ce triste hémisphère.
Le siècle d'or fut celui des Brigands ;
Les fils alors dépossédoient leur père ;
Le bon Saturne avaloit ses enfans ;
Et toutefois, à consulter Ovide,
Sur tes Autels fumoit un pur encens ;
Du champ d'autrui l'on n'étoit point avide,
Toute l'année étoit un long printems,
Des flots de lait serpentoient dans les plaines,
Flore y fixoit les zéphirs inconstans,

K

Le miel couloit de l'écorce des chênes,
Et la campagne à l'Homme ami du bien
Prodiguoit tout, sans qu'on y semât rien...
Ovide ment. Puis, croyez aux sornettes,
Aux beaux discours de Messieurs les Poëtes.
Tu sais la foi qu'on doit à leurs Romans.
Laissant ton nom & la fourbe à ta suite,
Toujours prônée, & toujours éconduite,
Voilà ton sort dès le berceau des tems.

    QUELQUES mortels (il faut pourtant le dire)
Qu'on distingua, qui nous font encor chers,
Par intervalle éclairant l'Univers,
L'auroient instruit, si l'on pouvoit l'instruire.
De Zoroastre, Adorateur du feu,
Tu ne hais point la brillante chimère.
Dans le Soleil il vit les traits d'un Dieu,
En jets de flamme imprimés sur la terre.
Il se trompa.... tel est notre destin.
Les mœurs font tout, le reste est arbitraire ;
Et, comme toi, volontiers je tolère
Ecarts d'esprit, quand le cœur est humain.
    CONFUCIUS fut ton Apologiste.
Son dogme est pur ; sa vertu n'est point triste ;
Il offre un guide à l'Homme infortuné,
Et, dût frémir plus d'un fier Casuiste,
Il vaut bien mieux que ceux qui l'ont damné.

Ce demi-Dieu mit quelque frein au vice ;
Mais, en dépit de son Légiflateur,
Tu le fais trop, le Chinois eft voleur,
Et ce défaut gâte un peu la Juftice.

MALGRÉ Solon, & fon docte Sénat,
L'Athénien gaî, frivole & profane,
Sur ta Statue érige avec éclat
L'Autel impur de quelque Courtifane,
Protége un Mime & fiffle un Magiftrat.
Quant à Licurgue, il ne fauroit te plaire.
Son but eft faux, fon Code eft meurtrier.
Il a l'efprit d'un Moine attrabilaire
Dictant fes loix dans un Cloître guerrier.
Rome en naiffant eft déjà tyrannique ;
Et de Numa le Rameau pacifique
Bientôt fait place à l'orgueil du laurier....
Je ne dis rien rien de Rome Apoftolique.

JUSTINIEN faifit le fil heureux
Qui le guida dans tes routes défertes.
Il s'illuftra par un Code fameux,
Vengea tes droits & répara tes pertes.
Peut-être auffi j'en ferois mon Héros :
Mais de la vue il priva Bélizaire ;
Il fut ingrat, violent, fanguinaire ;
Ses cruautés ont flétri fes travaux.
En m'opprimant, qu'importe qu'on m'éclaire?

Que dirons-nous de ce fils d'Abdala,
Législateur, Conquérant & Prophète,
Qui, se moquant de ta plainte indiscrète,
Au nom du Ciel cent fois te viola ;
Qui, dans le sang, sur de vastes ruines,
Le sabre en main, au trône s'éleva ;
Dans ses loisirs battoit ses Concubines,
Fit quelques lois, ou plutôt les rêva,
Qui sur l'erreur fonda son diadême,
Déshonora le Dieu qu'il fit parler ;
Et cependant arrangea pour lui-même
Un Paradis.... où je voudrois aller !
Plus constamment le Peuple Britannique
T'osa, dit-on, maintenir dans son sein ;
Je n'en crois rien : ce Peuple si divin,
Autant qu'un autre, est foible & fanatique.
Sage Thémis, tu n'auras point trempé
Dans ce complot, ce meurtre juridique
D'un de ses Rois, que sa main a frappé.
Cromwel n'étoit qu'un fourbe despotique,
Cru Citoyen sur un trône usurpé.
Ce Novateur, tout pêtri d'artifices,
Le masque au front, le poignard au côté,
Sembloit céder un sceptre ensanglanté,
Qu'il retenoit, en déguisant ses vices.
Ton nom par lui fut quelquefois cité,

Et, vrai Tyran, Protecteur affecté,
A force d'art s'entourant de complices,
Il trompa Londre, en criant liberté.

PIERRE mérite un renom plus augufte ;
Mais, trop ardent, il voulut tout forcer,
Et recueillir, avant d'enfemencer.
Pour être Grand, il cessa d'être Jufte.
Il eut l'efprit, non le cœur d'un Héros.
Rectifiant les abus par des crimes,
Légiflateur entouré de victimes,
Sa palme eft trifte & croît fur des tombeaux.

Tu le vois bien, partout, belle Etrangère,
Partout hélas! tes affronts font égaux.
Autant qu'il peut l'Efpagnol t'eft contraire,
Dans fon Divan le Turc te fait la guerre,
Le Suiffe à tort nous vante fes travaux ;
C'eft te trahir, que d'être mercénaire.
Parmi fes joncs en proie à cent fléaux,
Souvent auffi le Hollandois ruftique
A l'injuftice ouvrit fes Tribunaux.
On dérangea fon flegme économique,
Et, fuccombant à l'orgueil des Naffaux,
De Barnevell le cœur patriotique
T'implore envain fous le fer des Bourreaux.

EH! parmi nous obtiens-tu plus d'empire ?
Si nous montons jufques aux premiers tems,

J'y vois des fous ou de vils fainéans ;
Ton nom fouillé, ton voile qu'on déchire,
De triftes Rois, chicanés par des Grands,
Un trouble affreux, un aveugle délire,
De fots Sujets, & de plus fots Tyrans.
Chaque Seigneur, au gré de fon caprice,
Créoit des lois, & rendoit la juftice.
L'un s'en venoit, une pique à la main,
Et tout botté, fiéger parmi des Moines :
L'autre, en furplis, gourmandoit des Chanoines,
Qui, pour leurs droits, fe battoient en Latin.
En privilége érigeant les fcandales,
De fon Voifin on troubloit le repos ;
Fraudant l'Epoux par de galants impôts,
On moiffonnoit l'honneur de fes Vaffales,
Et fans fcrupule on voloit fes Vaffaux.

　　Un règne alors n'étoit qu'une tutelle.
On vit depuis un grave Parlement,
Des mois entiers s'affembler avec zèle,
Pour avifer & juger fainement
Si Jeanne d'Arc étoit vraiment Pucelle,
On te pouvoit fervir plus décemment.

　　Convenons-en : au fein de ma Patrie,
Même tes Chefs t'ont par fois avilie.
Mais, c'en eft fait ; voici des jours nouveaux.
Plus fortuné, le Peuple te defire.

L'économie, appui de ton Empire,
Introduit l'ordre au milieu du chaos :
Sully renaît, Machiavel expire.
Le bon efprit va nous faire oublier
Les longs excès de l'efprit financier.
Des Citoyens s'arment pour le détruire.
De fes deftins juftifiant l'éclat,
Un Sage heureux, qui fait inftruire & plaire,
En fe jouant, a, d'une main légère,
Sçu démêler les rênes de l'Etat.
Avec adrèffe il ofe enfin t'admettre ;
La probité va régner à fon tour :
Chacun pourra, tel eft le droit du jour,
Faire le bien.... fans trop fe compromette,
Et fans rifquer d'effaroucher la Cour.

   Déja fourit la timide innocence,
En revoyant fes premiers Protecteurs ;
Le zèle actif a repris ta Balance ;
Ton glaive feul eft caché fous des fleurs.
Jufte & fenfible, une augufte Princeffe,
L'honneur du trône, où brille fa beauté,
Pour faire aimer ton auftère Sageffe,
Conduit vers toi la tendre humanité ;
Pallas te fuit, la Loi te fert de guide,
Et te précède avec fécurité :
Un jeune Roi te couvre d'une égide,

Et des rayons de son Autorité :
Plus d'Intriguant, plus d'Exacteur avide ;
Le Droit public sera seul consulté :
Tout se ranime.... Et la Fable d'Ovide
Pourra fort bien être une vérité !

A
M. DE CHAMPFORT.

Auteur d'un Éloge de la Fontaine.

Quelque part que soit le bon homme;
Dieu le sait, moi je n'en sais rien,
Je suis sûr qu'il te veut du bien,
Et qu'il sourit, dès qu'on te nomme;
Le voilà ce cher paresseux,
Si négligé pendant sa vie,
Elèvant son front radieux
Que couronne une Académie!
On sait enfin l'apprécier!
Dans son portrait sa grace éclate,
Et ta louange délicate,
Rafraîchit encor son laurier.

Tu nous mets dans la confidence
De ſes pacifiques humeurs,
Et nous découvres l'alliance
De ſes talens avec ſes mœurs.
Très-finement tu nous expoſes
Le myſtère de ſes écrits,
Et les fleurs que tu décompoſes
Ne perdent point leur coloris.

   Tu nous peins ſa philoſophie
Qui fut un inſtinct précieux,
Sa nonchalante bonhomie ;
Un ſens droit caché ſous les jeux,
Une foule de mots heureux
Qui font rire juſqu'à l'envie,
Si piquante naïveté,
Et ſa *ſimpleſſe* & ſa gaîté,
Et la bêtiſe du génie.
Du fond des immortels réduits,
A cette heure il te dit peut-être :
Ma foi, je ne croyois pas être
Si grand homme que je le ſuis.
Quoi ! là-haut encore on me cite,
Moi, très-modeſte fablier !
Vous venez de m'initier
Dans le ſecret de mon mérite.
Si c'eſt un piége qu'on me tend,

C'eſt avec plaiſir que j'y donne.
Dans ce beau portrait qui m'étonne,
L'eſprit ſe montre à chaque inſtant ;
Et je crois, Dieu me le pardonne,
Que mes Renards n'en ont pas tant.
    MAIS, où va ma Muſe infidèle
Que ſouvent je ſuis malgré moi ?
Peintre charmant, ce n'eſt qu'à toi
De faire parler ton modèle.

A M. LE MARÉCHAL
DE BRISSAC,
ALORS GOUVERNEUR DE PARIS.

TROP grand pour employer la brigue,
Trop vrai pour être adulateur,
Par les souplesses de l'intrigue,
Tu n'as jamais flétri ton cœur.
C'est la Nation qui te prône,
Et chacun répète à l'envi :
Lorsqu'un Brissac est près du trône,
Le Monarque est sûr d'un ami.

    J'EN atteste ton digne Ancêtre,
Qui, jetté dans ces tems affreux,
Où le François trop malheureux,
S'égorgeoit pour le choix d'un Maître ;
Confus d'avoir été surpris,
Remit, en ces horribles crises,
Au plus adoré des Henris,
Les clefs de ce même Paris,
Inondé de sang par les Guises.

S'il renaissoit quelques dangers
Ton nom seul vaudroit vingt cohortes:
Comment trembler pour nos foyers,
Alors que Mars veille à nos portes?
Que dis-je! ces jours sont passés
Où, sous un voile d'héroïsme,
Quelques Sujets intéressés
Souffloient l'ardeur du fanatisme,
Dont les suppôts sont renversés.
Tu vas gouverner une Ville,
Séjour pompeux, vaste & tranquille,
Où la paix planta l'olivier
Malgré la Tamise indocile;
Où l'on se plaît à sommeiller
Au sein des douces fantaisies,
Que le goût vient multiplier;
Où l'insoucieux Financier
Entretient des Nymphes jolies,
Qui, pour s'en faire mieux payer,
Lui font, par jour, cent perfidies;
Où jamais ne reparoîtra
Le Schisme insensé des Eglises:
Où tous nos Abbés sont aux prises
Avec des Filles d'Opéra.
Ces mœurs ne sont pas héroïques:
Mais elles rendent les esprits

Moins inquiets, plus pacifiques ;
Et les oisifs, en tout pays,
Valent mieux que les fanatiques.
Chez toi, nous pourrons à loisir,
Comme dans un autre licée,
Revoir la Morale placée
Sur l'Autel même du plaisir.
Moins forts en exploits qu'en paroles,
Puissent nos jeunes étourdis
Si froids, si vains & si frivoles,
Se réchauffer à tes récits !
Qu'ils viennent t'admirer à table,
Egayant jusqu'à la raison,
Et, dans un heureux abandon,
Cachant le laurier redoutable
Sous les pampres d'Anacréon !
C'est alors que j'aime à t'entendre
Parlant des arènes de Mars,
Des positions qu'on doit prendre,
D'assauts, de brêches, de hazards,
De postes qu'on t'a vu défendre,
De nos innombrables Césars,
Mourans plutôt que de se rendre,
Et tombés sur leurs Etendards,
Où la gloire vient les attendre !
Au Héros succède l'Amant.

Hiſtorien toujours ſincère,
Tu nous fais le Journal charmant
De tes campagnes à Cithère ;
Des ſiéges qu'exprès on diffère
Ou qu'on achève bruſquement ;
De certaines ruſes de guerre ;
D'une Place que l'on ſurprit,
De telle autre qui délibère,
Et de ces doux combats de nuit,
Que des Amours livre la mère,
Toujours vaincue à ſon profit.

O TOI, dont l'ame nous rappelle
La loyauté des anciens Preux,
De ce Bayard ſi valeureux,
Brave Soldat, Amant fidèle ;
Dans le ſein des arts & des ris,
Qui, près de toi, viendront ſe rendre,
Coule des jours, que tes amis,
Au prix des leurs voudroient étendre ;
Et que le ciſeau des Couſtoux,
Emule des crayons d'Apelle,
De l'honneur poſe le modèle,
En fixant tes traits parmi nous !

AUX

COMETES.

Fuyez, vous, qui dans l'épouvante
Faites languir notre Univers ;
Qui devez bientôt dans les airs,
Crinière éparse & flamboyante,
Croiſer vos terribles éclairs.
Dans cette joute peu commune,
Vous allez, dit-on, écorner
Le diſque innocent de la Lune,
Qui, clouée à ſa voûte brune,
Ne pourra point ſe détourner.
Déjà pour elle j'en friſſonne :
Elle eſt là depuis ſi long-tems !
Pourquoi, déſertant votre zône,
Déranger l'Aſtre des Amans ?

Et

Et puis, quelle frayeur mortelle,
Lorsque sur nous tombant soudain,
Soit en masse, soit en parcelle,
Elle viendra, sans nul dessein,
Culebuter l'axe voisin
Qui fut favorisé par elle ;
Ce Globe paisible & serein,
Qui, formé d'eau, d'air & de poudre,
Alloit toujours son petit train,
Malgré quelque choc souterrain,
L'ouragan, les rocs & la foudre.
Couple effrayant, couple fougueux,
Qui, dans les déserts de l'espace,
Laissez au loin courir vos feux,
Cette fois, nous ferez-vous grace
De vos épouvantables jeux ?

   En traçant votre itinéraire,
Tous les radoteurs calculans,
Et tous les aveugles lorgnans,
Epars sur notre fourmilière,
Souvent, par bonheur pour la terre,
Se trompent de quelque mille ans.
Cette erreur, quoique très-légère,
Rend un peu de calme à nos sens :
Elle rassure nos enfans,
Nos esprits-forts, nos femmelettes ;

L

Fait qu'on ne croit plus aux lunettes,
A l'aftrolabe des Savans ;
Que l'on rit au nez des Prophètes ;
Que l'on danfe au bruit des volcans,
Et qu'on fe moque des Comètes.

QUOI qu'il en foit , d'exterminer
Si vous avez la fantaifie ,
L'époque eft affez mal choifie.
Pourrez-vous bien vous déchaîner
Contre un monde plein d'harmonie
Que la faine philofophie
Alloit enfin illuminer ;
Où Dieu n'auroit ofé tonner
De peur de l'encyclopédie ?

VOULEZ-VOUS noyer ou brûler,
O Comètes impitoyables ,
Tant de puiffances refpectables ,
Qui, fans vous, fauront dépeupler
La terre où vivent leurs femblables?
Témoin ce Salomon du Nord,
Monarque enfemble & Philofophe,
Toujours, à raifon du plus fort,
Traitant le pays limitrophe ;
Au befoin ufant de détour,
Afin de hâter la befogne,
Et , pour s'arrondir à fon tour,

Posant la griffe du vautour
Sur une part de la Pologne.
Mais, si tout cela ne peut rien,
Que du moins, Astres sanguinaires,
Vos chocs respectent le lien
De nos Auteurs, vivants en freres,
Et les plaisirs & les lumières
Du pacifique Citoyen.
Parmi le trouble affreux des sphères,
O Ciel ! iriez-vous consumer
Tant de richesses littéraires
Si bien faites pour désarmer ;
Tant de trésors hebdomadaires,
De petits riens à grands effets ;
D'Historiettes funéraires,
Des Opuscules si parfaits,
Des Brochures si nécessaires ;
Tous nos Drames patibulaires,
Surpris, hélas ! en plein succès !
Nos fins Libelles, nos Pamphlets,
Où s'exhale l'humeur caustique
De tous ces beaux esprits follets
Qui régentent la République ?
Le bel ouvrage que voilà !
O désastre ! ô douleur trop vive !
Les Mondes en tremblent déjà :

L ij

Mais s'il faut que le coup arrive;
Faites qu'après tout ce train-là,
En moi, Deucalion revive,
Et que Zélis soit ma Pirrha.

A
UN ATHÉE.

CE pur flambeau, cet œil du monde,
Etincelant au haut des Cieux,
Seroit-il donc l'effet heureux
D'une matière vagabonde ?
Est-ce elle qui règle le cours
De ces milliers d'Astres nocturnes ;
Qui, dans leurs phases taciturnes
Réparent l'absence des jours ?
Est-ce elle qui donne à la terre
Son majestueux appareil,
Et cette marche circulaire,
Présentant sa mobile sphère
A tous les aspects du Soleil ?

Autour de cette active maſſe,
Quelle main répandit les Mers,
Et fit dans un fluide eſpace,
Ondoyer ce voile des airs
Qui la balance & qui l'embraſſe ?
Sont-ce des Atomes errans,
Qui, de la plus foible ſemence,
Ont élévé ce chêne immenſe,
Vainqueur de la foudre & des ans ?
Eh quoi ! Sophiſtes déſolans,
Un concours ſans intelligence
Fait bruire l'haleine des vents,
Allume le feu des volcans,
Sur nos têtes fixe & condenſe
Ces eaux, ces nuages brillans,
Dépoſitaires bienfaiſans
Et des promeſſes du printems,
Et des tréſors que l'abondance
Verſe en automne ſur nos champs ?

    Eh bien ! ſoit : ces objets peut-être
Ne parlent point à votre cœur :
Mais l'homme ſeul a dans ſon être
Ce qui décèle ſon Auteur.
Ce ſouffle éthéré qui m'anime,
Cette ſoif d'immortalité ;
Cette inquiétude ſublime,

Qui, des profondeurs d'un abîme,
Me pousse vers la vérité ;
Ces intervalles de lumière,
Et ce rayon intercepté
Qui cherche à percer la barrière
Où le corps le tient arrêté ;
Les arts étalant leurs charmes
Pour le Mortel industrieux ;
Le plaisir si délicieux
Qu'il trouve à répandre des larmes ;
L'effroi dont il se sent presser,
Quand sous la vieillesse il succombe,
Et qu'il est prêt à s'enfoncer
Dans les ténèbres de la tombe :
Du hazard sont-ce les effets ?
Ne connoît-on point à ces traits
Le sceau d'une cause éternelle ?
Toi, dont l'ame est encore rebelle,
Dont les yeux sont encor distraits,
Cherche cet auguste modèle
Dans les grands Hommes qu'il a faits:
Henri fut un de ses bienfaits ;
Il s'étoit peint dans Marc-Aurèle.
Plus que l'espace illimité,
Où sa main sema la clarté
Et l'étincelle de la vie,

L iv

Plus que la céleste harmonie
C'est la vertu, c'est le génie
Qui prouve la Divinité.
   Tu la crois, & ments à toi-même.
L'orgueil enfanta ton systême,
Et t'en cache l'absurdité ;
Martyr d'une folle chimère,
Tu cherches le bruit & l'éclat ;
C'est ton esprit qui se débat
Quand ta conscience t'éclaire.
Ta raison est ton châtiment.
Va, s'il est un sincère Athée,
Il ignore ce mouvement,
Ces combats d'une ame agitée ;
Il se laisse aller mollement
Au courant des choses humaines,
Et n'est touché que foiblement
Par les plaisirs & par les peines.
Le nœud de la moralité
Ne l'enchaîne point à la terre ;
Il n'a, dans sa tranquillité,
Rien qu'il redoute, ou qu'il espère ;
Il supporte nonchalamment
L'existence qu'il apprécie,
Et, las d'une vaine féerie
Dont la jeunesse évanouie

Emporte tout l'enchantement,
Il croit tomber dans le néant,
Sans un feul regret vers la vie
Qu'il abandonne en fommeillant.

AUX POLITIQUES

DU JOUR.

Croyez-moi, Messieurs les Docteurs,
Dont la plume est si despotique,
Et dont la gravité s'applique
A des calculs réformateurs ;
Laissez-là tout votre héroïsme,
Vos très-frivoles profondeurs,
Et ce petit patriotisme
Qui s'éteindra sans Protecteurs.
Par hazard, très-augustes Sages,
Auriez-vous l'ambition
De vous croire des Personnages ?
Le Gouvernement, vous dit-on,
Ira fort bien sans vos Ouvrages.

A Londres, paſſe : un Citoyen
Eſt, ou croit être quelque choſe ;
Mais, puiſqu'en ces lieux, & pour cauſe ;
Il eſt très-prouvé qu'il n'eſt rien,
La raiſon veut qu'il ſe repoſe.

    Tous vos grands livres n'ont rien fait.
Sur le Théâtre politique,
On vient, on paſſe, on diſparoît,
Si le jeu des Acteurs déplaît
Et que l'humeur ſe communique,
Quelques traits contre eux échappés,
Un mot bien gaîment ſatyrique,
Une chanſon folle & cauſtique
En font juſtice à nos ſoupés.

A

M. DE VOLTAIRE.

B… rifqua dans fa jeuneffe
Quelques Vers contre vous plus malins que méchans,
   J'eus, au même âge, un tort de même efpèce
   Et dont je veux me fouvenir long-tems.
B… monta fon luth pour chanter la pareffe,
Et peut-être en cela fuis-je encor fon égal.
Parmi les afpirans au gouvernail papal
   Il fut infcrit; le parallèle ceffe :
      Je n'ai point l'air pontifical,
Et, quoique de nos jours, rien ne foit difficile,
      Le diable fera bien habile
      S'il me fait jamais Cardinal.
Mais la calotte rouge, & le béguin du Pape
      N'ont, entre nous, rien qui me frappe :

Si mes foibles essais sont par vous applaudis ,
    Si, plus heureux, je puis un jour vous plaire,
Sous vos doctes bosquets si je peux être admis ;
    Sans être au rang des Successeurs de Pierre,
J'aurai, comme eux, la clef du Paradis.

MON RÉVEIL.

Ce matin, je suis pacifique ;
L'air est serein, j'ai bien dormi ;
Le calme d'un Ciel embelli
A mon ame se communique.
Au printems, je suis peu caustique,
Et j'aime mieux, dans ce mois-ci (*)
Ma Maîtresse, la République,
Et mes Rivaux, & mon Ami.
Mon cœur fatigué se repose ;
Il a besoin d'un sentiment :
Mais, vous, mon cher Monsieur Clément,
Tâchez donc d'aimer quelque chose.....
Çà, causons ensemble un moment.

(*) Le mois de Mai.

Tenez, foyons vrais : moi, je penfe,
(Quoiqu'exprès vous n'en difiez rien)
Que Voltaire pourroit fort bien
Etre un Auteur plein d'éloquence.
Brutus furvit à trente hyvers :
Un tel argument perfuade ;
Même, après avoir lu vos Vers,
On goûte encor la Henriade.
Modérez-vous ; car je fuis prêt,
Pour peu que l'on me contrarie,
D'adorer Agnès en fecret ;
D'aimer Zaïre à la folie,
Et de foupçonner du génie
Dans vingt fcènes de Mahomet.
Faut-il tout rifquer, tout dire ?
J'en fuis confus ; mais, entre nous,
Je trouve que l'Auteur d'Alzire
Répand, même dans la Satyre,
Plus de grace & de fel que vous.

J'ose plus ; j'aime affez le ftyle,
Un peu froid, mais bien cadencé,
De ce Traducteur de Virgile,
Que, dans une profe incivile,
Vous avez durement tancé,
Contre l'efprit de l'Evangile :
Et moi-même fi mal mené

Dans vos officieux Libelles,
J'ai de tems en tems griffonné
D'affez plaifantes bagatelles.

Eh! croyez-moi, calmez vos fens:
Penfez-vous fortir des ténèbres,
Par ces Opufcules mordans?
Faut-il nuire aux pauvres vivans,
Pour faire honneur aux morts célèbres?
Chaque Dieu mérite un Autel:
Ayons l'efprit doux, l'ame bonne:
Buffon, fans déchirer perfonne,
Court grand rifque d'être immortel.

Mais, que fais-je? quelle folie?
Moi, par des confeils indifcrets,
Gêner la pente du génie!
Pardon, mon cher! je me foumets:
Votre étoile vous juftifie.
Broyez du noir, lancez vos traits;
Goûtez les plaifirs de l'envie;
Verfez le fiel fur les fuccès,
Et diftinguez-vous déformais
Par ce doux emploi de la vie.

Pour nous, fachons le prix du tems;
Amis, accourez fur mes traces:
Sous les ombrages du printems,
Buvons à la concorde, aux graces,

A

A la franchife , aux bons plaifans ;
Dans des flots d'Aï pétillans ,
Noyons les fouvenirs cuifans
De nos littéraires difgraces.
Mêlons des palmes & des fleurs :
Je veux qu'on foit jufte , qu'on s'aime ,
Et que l'on pardonne aux fots même ,
S'ils ne font pas perfécuteurs.

A

MA MUSE. *

A MERVEILLE ! il faut que j'expie
Tes incartades, tes humeurs !
N'y compte pas, Muse étourdie,
Et vas extravaguer ailleurs.
Toi ! cenfurer l'Auteur d'Alzire !
Afficher le ton magiftral !
En vérité tu me fais rire
Avec ton bonnet doctoral.
Parcours nos prés & nos bocages ;
A l'ombre des myrtes naiffans,
Fais jouer les amours volages
Parmi les Nymphes de nos champs :

---

* A l'occafion d'une petite Pièce intitulée : *Avis aux Sages,*
qui avoit déplu à M. de Voltaire.

Mais fuis les monts & les orages ;
Novice encore & sans soutien,
Prends désormais *l'Avis des Sages*,
Au lieu de leur donner le tien.
Peins-tu le Dieu de la lumière ?
Ne vois que les brûlans rayons
Qu'il lance en faisceaux sur la terre.
Songe qu'il mûrit les moissons
Par une chaleur salutaire,
Et pardonne à l'astre éclatant
Qui nous anime & nous éclaire,
De s'éclipser un seul instant.
Allons, répare ton offense.
Le cœur contrit, l'air pénitent,
Cours à Genève en diligence ;
Dans le plus simple ajustement.
Aborde en Muse bien soumise
Celui que tes traits ont blessé :
Dis-lui sans rire & l'œil baissé,
Qu'au moins j'ai blâmé ta sottise.
Sois l'écho de mes sentimens ;
Qu'il sache combien j'idolâtre
Ses Vers, sa Prose, ses Romans,
Ses Histoires & son Théâtre,
Ses petits Libelles charmans,
Surtout cette gaieté folâtre,

M ij

L'effroi des sots & des méchans.
S'il est inflexible pour toi,
Fuis, je t'abjure & t'abandonne ;
Reviens encor, s'il te pardonne :
Mais, pour signal, rapporte-moi
Une des fleurs de sa couronne.

A M. LE MARQUIS
DE SAINT=MARC.

Toi, qui sers le Dieu des Amans,
Après avoir servi Bellone ;
Le fils aimable de Latone
Te vole aussi quelques momens :
Paré des roses du Printems,
Tu veux des lauriers pour l'Automne.
Avec ses atours les plus beaux,
J'apperçois la Muse lyrique
Qui vient t'offrir ses Madrigaux,
Son étalage magnifique,
Son prisme, son trésor magique,
Et sa baguette, & ses pinceaux.
Grace, grace pour la féerie !
Ne l'exclus point de tes travaux :
Suis les la Mothe, les Quinauts,
Et ce vieux Doyen de Paphos.

M iij

Qui fit Thétis & Lavimie :
Laisse l'Olympe tel qu'il est :
J'aime Jupiter & Neptune,
La Conque de Vénus me plaît,
Et je vois d'un œil satisfait,
Jusqu'au bandeau de la fortune.
Je chéris les festons d'Hébé,
De l'Amour les funestes armes,
Et l'arbre de sang imbibé,
Où ce Dieu lave de ses larmes
La blessure de sa Thisbé.
J'adore la jeune Camille,
Courant sans courber les épis,
L'astre infortuné de Procris,
Le rameau d'or de la Sibylle,
Des Enfers les dômes fumans,
Et, près de leur voûte embrâsée,
Les ombres, en longs vêtemens,
Foulant les fleurs de l'Elisée.

Si le vrai seul frappe tes yeux,
Si tu quittes ces doux prestiges,
Il est un autre merveilleux ;
L'histoire même a ses prodiges :
Tels sont ces jours, ces jours heureux,
Que va nous offrir ton Adèle
Où des Chevaliers valeureux

Servoient leur Monarque & leur Belle ;
Où ces intrépides héros
Mouroient fur de fanglans drapeaux,
Dans le fein de l'amour fidelle.
Retrace-nous leur loyauté,
Leur candeur, leur franchife aimable !
Pour nous, hélas ! c'eft une fable
Qu'une telle réalité.

MAIS, quoi ! fous un Ciel fans nuage,
De Flore on m'ouvre les bofquets ;
Sous tes * crayons, ils font plus frais...
Zéphir doit être moins volage.
Pourfuis, couronne tes effais ;
Et, plus heureux à chaque ouvrage,
Aigris les fots par tes fuccès.
Toutes les guêpes du Parnaffe,
Se raffemblant pour t'effrayer,
Viendront bientôt, avec audace,
Frémir autour de ton laurier :
Affronte leur rage inutile ;
Voi les venir d'un œil ferein :
Un grain de fable abat l'effaim,
Et le laurier refte immobile.

---

* La fête de Flore.

A

M. DOIGNI.

Deux succès, me dis-tu ! seroit-ce une chimère ?
Je crois encor rêver : mais c'est toujours un bien.
De nos illusions, ami, ne perdons rien ;
Profitons d'un beau songe, & buvons à Glycère.
Quels que soient les retours du volage destin,
Quand on aime & qu'on boit, il est au moins certain
        Qu'on n'est pas sifflé du Parterre.
Loin de moi l'âpreté d'un censeur ombrageux !
Je parle à l'amitié, j'ai le droit de tout dire.
S'il faut peser ses mots & compasser ses jeux,
Pour rester libre & gaî, j'abjure l'art d'écrire.
        Mais revenos à tes charmans essais ;
Occupons-nous de toi, de tes Vers agréables.
Du Pinde, dont la gloire habite les sommets,
        Quand tu franchis les hauteurs formidables,
Quel noble espoir t'échauffe, & quels sont tes projet ?

Emule ambitieux des Maîtres de la Scène,
Ces Monarques du double Mont,
Iras-tu couronner ton front
Du noir cyprès de Melpomène ?
Tremble que ses touchans attraits
N'égarent tes talens en séduisant ton ame ;
Avant de céder à sa flamme,
Approfondis tous ses secrets.
Vois l'amour, la fureur, la haine,
Vois de nos passions le cortége inhumain
Mettre le poignard dans sa main
Et guider sa marche incertaine.
Son trône, où siège le malheur
Est suspendu sur un abîme ;
Les passions pressent son cœur
Entre le remords & le crime ;
On aime la profonde horreur
Que son front ténébreux imprime,
Et, grace à son charme sublime,
Le plaisir naît de la terreur.
Toi, l'aigle du Théâtre, ô Corneille, ô grand homme!
Toi, qui d'un vol majestueux,
Planant sur les tombeaux de Rome,
Evoquois les mânes fameux ;
Sur ton auguste mausolée
La Muse verse encor des pleurs ;

On a fufpendu fes douleurs :
Mais on ne l'a pas confolée.
Qui de nous te fuivra dans les plaines de l'air ?
Phaëton rifqua tout : il fut réduit en poudre,
Et l'oifeau feul de Jupiter
A pu jouer avec la foudre.
Cher Doigny, faveurs pour faveurs,
Bornons plutôt nos vœux à celles de Thalie :
Moins augufte & moins grave, elle en eft plus jolie.
Molière eut fes lauriers ; dérobons lui fes fleurs.
Peins nos Femmes de bien, nos fublimes Coquettes,
Ayant toujours cinq à fix goûts décens ;
Nos grands Hommes d'état, leur travail aux toilettes,
Nos faux Modeftes, nos Savans,
L'extravagance de nos Sages,
Tant d'agréables Perfonnages,
Petits fléaux de mode & doucereux Tyrans.
Peins des Braves du tems la jactance indifcrette,
Nos Prélats étourdis, nos Colonels penfeurs,
Les Prudes, les Abbés, & le progrès des mœurs,
Et le déclin de l'Ariette.
De ces travaux encor fi tu crains le tourment,
Chante l'amour, préfère fes careffes,
Et furtout célèbre gaîment
Les trahifons de tes Maîtreffes.
L'immortel Ecrivain, malgré les neuf Déeffes,

Ne vaut pas le volage Amant,
Qui goûte cent plaifirs, prodigue cent promeffes,
Se moque de fon fiècle & jouit du moment.
On lit un Poëte eftimable
Dont les mâles tableaux favent nous occuper :
Mais on vit avec l'homme aimable ;
C'eft lui qu'on invite à fouper.

L'ORGIE.

Vous, qu'eut aimé Chaulieu,
Venez mon jeune Horace;
A côté d'un grand feu
Nous boirons à la glace,
Et médirons un peu.
C'est le droit du Parnasse.
Déjà le Dieu du vin,
De pampres vous enlace;
Vous êtes libertin,
Et l'êtes avec grace;
Soyez Roi du festin.
Apportez les tablettes
Où sont ces riens charmans,
Et ces congés plaisans

Que donnent les Coquettes
A leurs tendres Amans.
De l'aimable infidèle
Qui vous tient dans ſes fers,
Contez-nous les travers
Et la noirceur nouvelle.
Tous les fronts ſont ouverts ;
Le Champagne ruiſſelle,
Il mouſſe, il étincelle,
Et reſſemble à vos Vers.
Sur la fin de l'Orgie
Nous gliſſerons deux mots
De la Philoſophie,
Qui ſe moque des ſots,
Et gaîment apprécie
Les plaiſirs & les maux.
Mais j'entends qu'on s'écrie ;
Quoi ? ce fripon d'Amour
N'eſt point de la partie ?
Sans lui, paſſer un jour !
La triſte fantaiſie !
Un moment, s'il vous plaît.
Des yeux de la folie
Vous voyez ſon portrait ;
Je le vois tel qu'il eſt,
Et je le congédie.

L'enchanteur, je parie,
Vous trompe à chaque inſtant....
Je me réconcilie,
S'il veut m'en faire autant.

A DÉLIE.

Non, j'en conviens ; non, ma Délie,
L'amour ne vaut pas l'amitié.
Avec elle j'étois brouillé,
Et ta voix nous réconcilie.
Que ferois-tu d'un sot enfant
Qu'attache un rien, qu'un rien délie ;
Volontaire, aveugle, inconstant,
Qui ne suit que sa fantaisie,
Ne vient jamais quand on l'attend,
Est toujours là quand il ennuie.
Je ne l'abhorrois qu'à moitié ;
Mais voilà ma haine affermie ;
Non, j'en conviens ; non, ma Délie,
L'amour ne vaut pas l'amitié.
Le monstre ! il espéroit peut-être
Qu'il obtiendroit enfin tes vœux,
Et qu'un jour il seroit heureux
Par tes graces qu'il a fait naître.

On dit qu'il se flatte aisément ;
Il a cru que ton doux sourire,
Si dangereux & si charmant,
Seroit l'appui de son empire
Dont il est déjà l'ornement.
Plein d'orgueil & de jalousie
Il vouloit, que ne veut-il pas ?
Armer contre moi tes appas,
Et t'inspirer sa rêverie.
Fier de s'opposer à nos vœux,
Il vouloit, quelle perfidie !
Mettre tous ses traits dans tes yeux....
Où notre amitié le défie :
Mais l'ennemi n'y pourra rien.
A son gré de soi l'on dispose.
De beaux cheveux, un teint de rose,
Un regard, qu'on entend si bien !
Une taille noble & légère,
Un souris de Flore envié,
Un sein que le jaloux mystère,
Ne montre jamais qu'à moitié,
L'art de désoler & de plaire,
L'augure enfin d'un joli pied ;
Dieu, qui fait bien ce qu'il veut faire,
Fit tout cela.... pour l'amitié.

A

L'AMITIÉ EN DÉFAUT.

Imitation de Prior, Poëte Anglois.

A LA MÊME.

PARDONNE ; mon crime est affreux.
Mais que veux-tu, belle Delie,
Que le soir, loin des envieux,
On fasse d'une jeune amie
Dans un bosquet bien ténébreux ?
On s'y souvient de deux beaux yeux,
Et c'est l'amitié qu'on oublie.
Le souffle embaumé du zéphir,
Ton haleine cent fois plus pure,
L'accent d'un amoureux soupir,
Le calme heureux de la nature,
Allument l'ardeur du desir,
Et la sagesse en vain murmure,
On cede à la voix du plaisir.
Entre amis, rien ne scandalise.
L'amitié permet un larcin,

*N

Un autre y succede soudain,
Et c'eſt la nuit qui l'autoriſe.
Après avoir livré ſa main
Voilà-t-il pas qu'on s'humaniſe ?
Et vîte, un baiſer ſur le ſein,
C'eſt l'ordre : à des levres humides
S'impriment des levres de feu :
Dans quelques demi-mots timides
On laiſſe échapper un aveu,
Et l'amitié gronde ſi peu,
Qu'en moins de rien, l'aveugle Dieu
A fait des progrès bien rapides.
On eſt ſéduit : grace au moment,
De plus en plus on s'abandonne,
Et, dans un tranſport qui l'étonne,
Le pauvre ami devient Amant
Sans que le tort ſoit à perſonne.
Défions-nous d'un ſentiment
Sujet à de telles ſurpriſes ...
Il faut l'appeller autrement,
Afin d'éviter les mépriſes.

A LA MEME,

SUR UN SOUPÇON.

L'Amour te nomme la plus belle ;
L'Amour t'a remis son carquois.
Ah ! parmi les traits qu'il recèle ,
Apprends du moins à faire un choix.
Les uns éveillent les caresses ,
Les tendres faveurs , les desirs ,
Ces regards qui font des promesses.
Le trouble secret, les soupirs :
Il en est d'autres qui font naître
Les démêlés voluptueux ,
Et ces reproches amoureux
Que les Amans doivent connoître ,
Puisqu'ils les rendent plus heureux.

Il en eft qui favent atteindre
Les cœurs libres & languiffans :
Il en eft pour les inconftans ;
De ceux-là je n'ai rien à craindre.
Arme-toi des plus dangereux ;
Frappe & bleffe au hazard, cruelle !
Je fens que je t'aimerai mieux,
A chaque bleffure nouvelle :
Vuide le carquois, fi tu veux ;
Mais, laiffe, au fond, le doute affreux
Qui défefpère un cœur fidèle.

A MADAME

LA COMTESSE DE ***.

Tu l'as pourtant humanifé
Cet intraitable perfonnage,
A notre molleffe oppofé,
Et nous vantant l'état fauvage
Dans un ftyle civilifé.
Tu parois, il eft fans défenfe :
Voilà mon fage apprivoifé,
Et ton empire qui commence.
Un Chantre fameux autrefois,
A tout communiquant la vie,
Attiroit par fa mélodie
Les hôtes farouches des bois :

N iij

Quel que fut son magique empire ;
Le tien, je crois, vaut encor mieux,
Et tu fais plus avec tes yeux
Qu'il ne faisoit avec sa lyre.

A MESSIEURS DE...

LE JOUR DES ROIS.

Rois, ou non, vous ferez heureux
Puifque vous ferez chez Silvie.
Le plaifir fe peint dans fes yeux,
Et c'eft le plaifir que j'envie.
Si, dans le hazard du feftin,
La fève échappe à cette Belle,
Je vois d'ici le Souverain
Réparer les torts du deftin,
Et gaîment abdiquer pour elle.
Parmi les couronnes du jour
Elle eft fûre d'en avoir une,
Et les larcins de la fortune
Lui feront rendus par l'amour.

N iv

A CEUX

QUI M'ATTRIBUOIENT

L'ÉPITRE A MARGOT.

AUTREFOIS, trop gaîment, dit-on,
Dans mes scandaleux Opuscules,
J'ai chanté Rosire & Clairon ;
Alors j'avois peu de scrupules.
J'ai frondé sur un autre ton
Le philosophique jargon,
Et nos amours propres crédules,
Et tous nos charmans ridicules,
Dans ce siècle de la raison.
J'ai même, au gré de ma folie,
D'encens présenté quelques grains
A d'assez profanes Lutins,
Connoissant l'emploi de la vie,

Et, presque bonne compagnie,
A force de goûts libertins !
J'ai narré leurs Historiettes :
Dans les Annales des Boudoirs
J'ai consigné leurs amourettes.
J'ai conté dans des Vers bien noirs
Les jolis tours de nos Coquettes ;
J'ai peint plus d'un illustre sot,
Tout fier du succès des toilettes ;
Mais le vilain nom de Margot
Ne fut jamais sur mes tablettes.

SANS doute, aux immenses atours
De quelqu'Altesse Douairière,
Ainsi que Bernard, on préfère
L'étroit corset, les jupons courts
D'une agile & simple Bergère,
Croissant sous l'aîle des amours,
N'ayant pour dot que l'art de plaire,
Et la fraîcheur de ses beaux jours :
Mais de Margot que peut-on faire ?
Par qui ce nom fut-il cité,
Et dans quel bosquet de Cithère
Sera-t-il jamais répété ?
Loin de moi les goûts qu'il faut taire.
Je veux pouvoir avec fierté
Avouer celle qui m'est chère,

MELANGE

L'offrir en Déeffe à la terre,
Dreffer un trône à fa beauté,
Et femer de fleurs la fougere
Où lui fourit la volupté.
Mais, dis-tu, Margot eft divine;
L'Amour même arrangea fes traits;
Eh! nomme-la Flore ou Corine,
Puis nous croirons à tes portraits.

CONSEILS
A UN MARI.
*IMITATION D'OVIDE.

Vous vous plaignez que chez Delphire
Je ne vais point aſſez ſouvent :
Eh bien ! moi, j'oſerai vous dire
Que c'eſt ſe plaindre injuſtement.
 Votre femme, ſoyez tranquille ;
N'eſt point faite pour vous reſter ;
Elle a mille attraits, & puis mille,
Qu'il eſt bon de vous diſputer.
Mais vous avez la fantaiſie
De ne jamais nous tourmenter :
J'avois, mon cher, oſé compter
Sur quelques grains de jalouſie ;

* L'Epître au Suiſſe n'eſt auſſi qu'une Imitation du même Auteur.

Votre sang-froid vient tout gâter.
Il lui déplaît, & me désole.
Quoi ! rien qu'il faille hazarder !
Pour qu'avec soin on vous la vole,
Commencez donc par la garder.
Fêter ce qu'un autre néglige
C'est une sottise entre nous ;
Et, quand on agit comme vous,
Il ne faut pas que l'on exige.
Sachez de moi que les amours
Vivent de crainte & d'espérance,
D'artifices, de jolis tours :
On les endort par trop d'aisance,
Et le bonheur de tous les jours
Produit bientôt l'indifférence.
J'aime un aiguillon au desir,
Des larcins pour nourrir l'ivresse,
Et quelqu'épine qui me blesse
Parmi les roses du plaisir.

Si Danaé se vit prisée
Par ce scélérat de Jupin,
Et sentit pleuvoir dans son sein
Une très-suspecte rosée ;
C'est grace aux murs d'un triple airain,
Où la belle fut déposée.

Croyez-moi : mettez dès ce soir,

Quatre verrous à votre porte ;
Rodez, & demandez à voir
Chaque billet que l'on apporte ;
Criez, grondez, fut-ce pour rien:
La nuit, foyez fur le qui-vive ;
N'entendez pas japper un chien,
Sans vous figurer que j'arrive.
Alors, je faurai m'occuper
De quelque rufe néceffaire,
Et je trouverai, je l'efpère,
Un nouveau charme à vous tromper :
Mais que prétendez-vous qu'on faffe
D'un Mari qui n'eft point jaloux,
Ne dit mot, jamais ne menace,
Et femble d'accord avec nous ?
Le Pilote craint la bonace
Autant que les flots en courroux.
Sans votre douceur importune
Qui me dérange tout-à-fait ;
Ce que vous favez que l'on eft.....
Vous le feriez vingt fois pour une.

A UN CENSEUR INDULGENT.

En dépit de vos doux propos,
L'amour-propre n'eſt point mon guide ;
J'ai très-bien vu tous les défauts
De cette pauvre Adélaïde.
Un Drame, choquant l'unité,
Culebutant les bienſéances,
Doit étourdir la dignité
D'un Amateur des vraiſemblances.
Vous êtes ému des malheurs,
Du trouble & des remords d'Aliſe :
Et moi, s'il faut que je le diſe,
Je crois qu'en lui donnant des pleurs
La Nation s'eſt compromiſe.

Tançons ce Public ignorant,
De nouveautés trop idolâtre,
De s'en aller ainſi pleurant
Contre les régles du Théâtre.

Je le ſens : mes torts ſont affreux,
D'autant plus que le goût s'épure,
Et que nos Ecrivains fameux
Reviennent tous à la Nature.
Grâce aux critiques agguerris,
Juges profonds, ſurtout fidèles,
Grâce aux poétiques nouvelles
Que propoſent nos beaux eſprits,
Vous conviendrez que, dans Paris,
On voit fourmiller les modèles.
Voilà pourquoi, tels qu'on connoît,
Quoique d'humeur très-pacifique,
Ont foudroyé mon pathétique.....
Dont j'attendois un bel effet.

Ce ſont là leurs gaîtés ſans doute ;
Et cependant, pour vivre heureux,
Evitez, s'il ſe peut, la route
Où l'on eſt égayé par eux.
Cueillez des roſes pour Thémire ;
Adreſſez-lui d'aimables Vers ;
Célébrez ſes jolis travers
Que fait pardonner ſon ſourire ;

A des fuccès trop incertains,
N'immolez point des jours fereins,
Le fommeil, le calme & le rire,
Les feuls vrais tréfors des humains.

MAIS, fi votre étoile obftinée
Vous fait fuivre de nos travaux
La gloriole infortunée
Que fe difputent vingt rivaux;
Bercé par de triftes chimères,
De Melpomène enfant foumis,
Si vous attachez quelque prix
A fes couronnes funéraires,
Gardez-vous de vos chers Confrères....
Et même un peu de vos Amis.

L'INFIDÉLITÉ.

L'INFIDÉLITÉ.

IMITATION D'OVIDE.

Fuis, enfant volage & sans foi,
Plus de vœux, plus d'erreur nouvelle !
Non, je ne crois plus même à toi....
Zélie, hélas ! est infidelle !
Que de sermens multipliés
Elle m'avoit faits, la perfide !
Aussi hardi qu'il fut timide,
Son cœur les a tous oubliés....
Eh bien ! sa longue chevelure,
Qu'aux vents elle abandonne exprès,
Me semble aussi charmante après,
Qu'elle étoit avant son parjure.
Elle a beau se moquer des Dieux :
Sa taille n'en est pas moins belle,
Ni son souris moins gracieux.
Son œil brilloit, il étincelle ;

O

Son front, où le plaisir se peint,
Gaîment insulte à ses victimes ;
Je crois que chacun de ses crimes
Ajoute une rose à son teint,
Et les Immortels sont tranquilles !
Elle rit, l'ingrate qu'elle est,
D'eux & de moi, comme il lui plaît,
Et leurs carreaux sont immobiles !
Que dis-je ? ils ont, dans tous les tems,
Souffert les attentats des Belles ;
Ils semblent s'entendre avec elles,
Pour désespérer leurs Amans.
Jupiter qu'envain je réclame
Ne tonne que sur les humains ;
Et, s'il veut punir une femme,
La foudre échappe de ses mains.

    HÉLAS ! pourquoi tous ces blasphêmes?
Ces Dieux vengeurs, ces Dieux puissans
N'aiment-ils pas comme nous-mêmes ?
N'ont-ils pas un cœur & des sens ?
Oui, je rougis de ma colère,
Si j'étois Dieu, je le sens bien,
Les friponnes pourroient tout faire :
Je ne me fâcherois de rien.
Elles viendroient toute leur vie
Mentir à ma Divinité :

Mais, en faveur de leur beauté,
J'excuferois leur perfidie.
Mon courroux ne feroit qu'un jeu;
Et, pour quelqu'aimable folie
Qu'elles feroient de mon aveu,
Je n'aurois garde, ma Zélie,
De m'en aller tonner en Dieu
De fort mauvaife compagnie.

C'EN eft fait! me voilà calmé!
Pardonne, ma belle Maîtreffe,
Au courroux d'un cœur enflammé.
Puifqu'ainfi le veut ta foibleffe,
Et que j'y fuis accoutumé;
Trompe-moi, trompe-moi, traîtreffe,
Mais au moins, avec tant d'adreffe,
Que je me croye encor aimé!

A LIDIE.

IMITATION D'OVIDE.

Je ne fais ; mais, jeune Lidie,
Il me semble que les Amans
N'ont point assez de perfidie ;
Ils se perdront par la manie
De trop montrer leurs sentimens.
On ne fête dans ma patrie
Que les amours gais & fripons.
L'attirail de la Bergerie
Est relégué dans nos chansons.
Les Adorateurs bien fidèles,
Bien sensibles, bien langoureux,
Sont si respectés de leurs Belles
Qu'elles n'osent les rendre heureux.

D'ailleurs eux-mêmes il se nuisent
Avec leur jargon répété ;
A citer le cœur ils s'épuisent,
Et ces Messieurs-là ne séduisent
Ni les sens, ni la vanité.
L'Amant léger plaît à toute heure.
C'est le modèle qu'il nous faut ;
Jamais trop tard il ne demeure,
Il n'arrive jamais trop tôt.
Il rit, il veut, il importune,
Eveille, entretient les desirs,
S'exerce aux larmes, aux soupirs ;
En trahit vingt, n'en aime aucune ;
Brusque l'amour & la fortune,
Et n'est fidèle qu'aux plaisirs.
Je ne ferai point d'Epigrammes :
Mais je crois, j'ose le risquer,
Que l'amour-propre est chez les femmes
Ce que d'abord on doit piquer.
Dans la crainte de l'inconstance,
Le cœur résiste au sentiment ;
Il est sur ses gardes souvent :
Mais l'amour-propre est sans défense ;
On l'enyvre avec de l'encens ;
Il cède aux premières caresses.
O vous, souveraines Maîtresses

MÉLANGE

De nos goûts & de nos penchans,
Si nous étions tous bonnes gens,
Vous auriez bien peu de foiblesses.
Tenez, à ne vous rien farder,
Il faudroit, je m'en désespère,
Vous tromper toujours pour vous plaire,
Et quelquefois pour vous garder.

A

M. BONNARD.

DE Tivoli le possesseur charmant,
Pour bien louer te légua ses finesses.
Que je les crains, les vers que tu m'adresses!
Ma vanité vient d'y croire un moment.
Mon front ceignoit la palme du génie
Que par tes mains le goût venoit m'offrir;
De tes chansons savourant l'harmonie,
Je me laissois doucement pervertir :
Mais je reviens à ma philosophie;
J'allois rêver; tu m'apprends à jouïr;
Le vrai triomphe est dans la modestie,
Et l'amour-propre eût gâté mon plaisir.

VA, nous servons sous la même bannière.
Ton compagnon, ton ami, ton égal,
Ainsi que toi, je marche en volontaire.
Briguant tous deux, dans une aimable guerre

Le prix du cirque & les profits du bal,
Le grave honneur qui naît d'un Madrigal,
Et du plaisir la cocarde légère,
On nous a vus aller tant bien que mal
De Gnide au Pinde, & du Pinde à Cithère.
C'est à Ferney qu'est notre Général,
En cheveux blancs, professant l'art de plaire;
Il a vieilli sans Maître & sans Rival.
Franchit qui peut ce roc, où Mnémosine
Brave la foudre à l'ombre du laurier!
Pour nous, jouant sous l'humble coudrier,
Cueillons des fleurs au bas de la colline.
L'envie alors pourra nous oublier.

SONGEONS, ami, que les jeux du bel âge
Sont emportés sur les aîles des vents;
L'automne est froid, c'est la saison du Sage:
Les foux heureux sont tous dans leur printems.
Je m'apperçois que le mien déménage,
Et je voudrois saisir, à son passage,
Son dernier Myrthe, & ses derniers instans.
Il s'est enfui, le tems des deux Maîtresses!
Sensible & douce, une me reste encor,
Et mon desir se borne à ses caresses:
Deux font un bien; mais une est un trésor.

A MADAME
LA COMTESSE DE B....

LES *Quarante* ont chacun leur titre.
A moi seul il n'en faudroit pas,
Si, dans le Temple de Pallas,
Vénus avoit voix en Chapitre.
J'y serois introduit soudain ;
Et dans cet auguste licée,
Où des amours viendroit l'essain,
Votre image seroit placée,
Près de la Suze, au front serein,
Entre *Racine* & la *Chauffée*.
Chaque Favori d'Apollon
L'orneroit d'une fleur nouvelle :
Les Grâces donneroient le ton,
Et vous offriroient pour modèle.

Le flageolet de Voifenon
A vos côtés feroit entendre
Un air pillé d'Anacréon ;
Et vous ôteriez la raifon
Aux Sages faits pour nous la rendre.
J'avoûrai qu'il me feroit doux
D'être admis à tous ces myftères ;
De voir les Aftres littéraires
Plus brillans encor devant vous.
Alors, je braverois l'envie,
Sous l'égide de la beauté :
Alors j'eftimerois la vie. . . ..
Et même l'immortalité.
Souhait téméraire & ftérile !
A la porte à quoi bon frapper ?
Mon fiècle, en grands Hommes fertile,
De moi pourroit-il s'occuper ?
Dans leurs travaux & dans leur ftyle,
(L'Europe le fçait) ils ont, tous,
Uni l'agréable à l'utile.
J'en vois cent venir à la file,
Et je me fauve à vos genoux.

Fin   des   Epitres.

PIECES DIVERS,

BILLETS EN VERS,

MADRIGAUX, CHANSONS.

LIVRE TROISIEME.

Sɪ je n'ai jamais répondu pour mon compte aux gaîtés littéraires de M. Clément, j'ai toujours été indigné de l'injuſtice & de la morgue collégiale avec laquelle il déchire les Ouvrages du premier Ecrivain de la Nation. Il devoit reſpecter au moins une réputation affermie ſur ſoixante ans de travaux & de ſuccès : mais le pédantiſme ne reſpecte rien. Il aime mieux ſe laiſſer envenimer par la haine, que de conſentir à l'admiration, & il ſe ſent importuné par le talent ſupérieur comme les oiſeaux de nuit le ſont par l'éclat du jour.

Ma ſeule intention a donc été, dans cette bagatelle, de venger M. de Voltaire des outrages qu'on lui fait tous les mois au nom des Anciens & de la belle Littérature. C'eſt une plaiſanterie qu'on hazarde en réponſe à des tomes d'invectives. Tout le monde a lu le Dialogue charmant de Pégaſe

& du Vieillard. Pégafe, un peu piqué du ton cavalier dont le traite le vieillard Agriculteur, arrive dans le Cabinet de M. Clément, qui n'a rien moins que les goûts champêtres ; & ils ont enfemble la petite converfation qu'on va lire. Si on la trouve un peu vive, qu'on fe reffouvienne que c'eft un Cheval qui parle à un faifeur de Libelles. Ces gens-là ne fe piquent ni d'honnêteté ni de modération.

DIALOGUE

DE PEGASE ET DE CLEMENT.

LIVRE TROISIEME.

CLEMENT.

Qu'est-ce donc? dès l'aurore on assiège ma porte?
On ne peut à son aise, en ce triste Univers,
Composer savamment de la Prose ou des Vers!
C'est quelque Auteur, je gage.

PEGASE.

A-peu-près, que t'importe?

CLEMENT.

S'avisa-t-on jamais de venir si matin?
Les instans me sont chers ; laisse-moi, je te prie :

J'éprouve en ce moment les douceurs de la vie,
Et j'écris, avec goût, du mal de mon prochain.
Va-t-en; je n'ouvre pas.

PEGASE.

L'ami, je suis Pégafe.
Mon voyage à Ferney m'a donné de l'humeur :
Ouvre; nous médirons du vieux Agriculteur.

CLEMENT.

Nous médirons? Attends, que j'achève ma phrafe.
Comme te voilà fait?... Par quel fort inhumain?...

PEGASE.

Sais-tu bien, qu'entraîné dans ma courfe immortelle,
J'ai fait, depuis Homère, un terrible chemin?
Allons, héberge-moi : je te ferai fidèle,
Je mordrai les paffans, j'adopterai tes goûts,
Me cabrant, regimbant, ombrageux & jaloux,
Pour mieux te reffembler, & te prouver mon zèle.

CLEMENT.

Il parle avec efprit! Tu ne voles donc plus?

PEGASE.

PEGASE.

Mais je vais quelquefois à petites journées.
J'ai vécu, mon très-cher, quatre à cinq mille années:
De vieilleſſe & d'ennui j'ai les jarrets perclus.
Apollon a ſouvent changé mes deſtinées.
Si je crois ce qu'on dit, Méduſe m'enfanta.
Je fis de mes talons jaillir une fontaine ;
Bellerophon ſur moi courut la prétentaine ;
Pour battre la chimère au Diable il m'emporta ;
Je me nourris long-tems des gazons d'Hippocrêne.
Comme un franc étourdi, Pindare me monta.
(Votre Rouſſeau depuis imita ſes caprices),
Multipliant ſous lui mes écarts vagabonds,
Sur la cime des rocs, au bord des précipices,
Je m'élançois alors & par ſaults & par bonds.
Moſchus, Anacréon, plein d'adreſſe & de grace
Me remirent au pas : eſcorté par les jeux,
En bon Epicurien, je vivois avec eux,
Et je paiſſois les fleurs qui parfumoient leur trace.
L'Amante de Phaon venoit chaque matin
M'offrir, en ſouriant, des roſes dans ſa main.
Sophocle m'exerça par ſes courſes hardies :
Euripide, moins fort, n'en eut pas moins d'ardeur.
Eſchile échevelé me remplît de terreur ;
Nous paroiſſions tous deux pouſſés par les furies.

P

J'abandonnai la Grèce au bruit du nom Romain.
Je fus légèrement manégé par Horace ;
Ovide m'égara dans le plus doux chemin ;
Lucrèce indépendant m'inspira son audace,
Juvenal me soumit avec un bras d'airain,
Par Virgile aguerri, je bronchai sous le Stace,
Et je voyois de loin arriver mon déclin.
Long-tems on me crut mort : craignant la barbarie,
J'avois paisiblement regagné l'écurie.
Le Dante, avec humeur, vint m'en tirer soudain.
L'œil morne & ténébreux, conforme à son génie,
Regrettant les vallons de l'antique Ausonie,
En croupe je portai le Spectre d'Ugolin.
Peintre de l'enjouement, honneur de l'Italie,
L'Ariofte accourut avec un front serein ;
J'adoptai l'Hyppogriffe, enfant de sa folie,
Et bientôt je livrai mon dos & mon destin
Au Chantre intéressant de la tendre Herminie.....
Tous ces Cavaliers-là m'avoient mené grand train ;
J'avois l'oreille basse & les aîles traînantes ;
Il fallut réparer mes forces languissantes :
Mais fur les bords François je reparus enfin.
Malherbe, parmi vous, ennoblit mon allûre ;
De la palme lyrique il ombragea mon front.
Je jettai Chapelain au bas du double Mont ;
En embrassant Gombault il roula sur Voiture.

Molière prit leur place , & me fit détaler.
La Fontaine indulgent & plein de bonhomie ,
Guidé par la nature , & par ma fantaifie ,
Me fuivit , fans mot dire , où je voulus aller.
La houffine à la main , Boileau , grave & févère ,
Châtia de mon vol l'aifance irrégulière :
Je ne pus avec lui faire un pas fans trembler.
Je l'eftimois beaucoup , mais je ne l'aimois guère.
Corneille vint à moi : fon fier & noble afpect
Sans trop m'effaroucher , m'imprima du refpect.
De fon bras vigoureux je reffentis l'atteinte ;
Il me fit pénétrer dans le palais des Rois :
Tous mes crins fe dreffoient aux accens de fa voix,
Et , tant qu'il m'a conduit , j'ai méconnu la crainte.
Il me brufquoit par fois , c'étoit affez fon ton ;
Il fallut nous quitter , & j'acquis , fous Racine ,
Des mouvemens plus doux , une bouche plus fine.
Dans des fentiers fanglans je fuivis Crébillon :
Quoiqu'il fut violent , j'aimois fon caractère.
Il dédaignoit les lieux frayés par d'autres pas ,
Et , malheureufement , j'étois déjà bien las ,
Quand il fallut encor galopper fous Voltaire.

C L E M E N T.

Celui-là , par exemple , a dû te rudoyer.

PÉGASE.

Mais, non : s'il m'en souvient, il eut la main légère.
Je le vis autrefois, ferme dans l'étrier,
Courant, bride abattue, & , malgré ma colère,
Il faut que j'en convienne, il est bon écuyer.

CLEMENT.

La rage de louer aujourd'hui te domine.
Vieux Pégase, sois vrai : c'est, à coups d'éperon,
Qu'il te forçoit d'aller, quand, sur ta maigre échine,
Il nous est apparu dans le sacré vallon ;
Lorsque tu voiturois sa dolente Nanine,
Son mugissant Oreste & son froid Cicéron,
Et le triste Orphelin, soi-disant de la Chine,
Eriphile, Zulime, & Pandore, & Samson.
O cheval illétré, ton mauvais goût m'irrite !
Quoi ! sur Voltaire encor tu n'es pas éclairé ?
Sa jeune Sophonisbe, en un jour décrépite,
Et ses Guebres transis ne t'ont pas déferré ?
Vas traîner, si tu peux, en dépit de l'envie,
Le char mal attelé de ses sots Triumvirs,
Et ce lourd taureau blanc, fruit de ses vieux loisirs ;
Et ce bucher mesquin, vrai tombeau d'Olimpie *.

---

* Quand on introduit un Interlocuteur, il faut le faire parler
d'après son caractère, & il eût été contre toute vraisemblance
de donner à M. Clément du goût & de l'équité.

PÉGASE.

Vas ; l'injustice perce & lui rend tous ses droits.
Je devrois t'envoyer le prix de ta tirade ;
Mais, je veux bien encor t'épargner cette fois.
Cite, cite du moins, Brutus, la Henriade,
Cet immortel tableau du meilleur de nos Rois :
Cite ce Mahomet, monument du génie,
Où la force du style est jointe à l'harmonie,
Dont le vaste intérêt, & l'époque & les mœurs,
Dont le coloris mâle, & la pompe énergique,
Transmettent à grands traits aux yeux des spectateurs,
La sombre majesté de Melpomène antique.
De ta fureur burlesque interrompant le cours,
Rappelle-toi Tancrède, & Mérope, & Zaïre,
L'aimable Adélaïde, & Vendôme, & Nemours,
Les sauvages vertus de la sensible Alzire,
Tous ces écrits charmans, dictés par les Amours,
Que l'on revoit cent fois, que cent fois on veut lire,
Qu'un peuple délicat ne cesse d'adorer,
Que tu saurois chérir, si tu savois pleurer.
Ouvre, insigne menteur, ces annales brillantes,
Où chaque Nation contemple ses erreurs,
Ses Tyrans, ses fléaux, sur-tout ses bienfaiteurs,
Où Rome reconnoît ses brigues insolentes ;
Où la Philosophie, avec légèreté,

Des attentats des sots venge l'humanité,
Frappe indistinctement d'un joyeux anathême
Les Moines, les Abbés, les Papes, les Catins,
Insulte aux oppresseurs de vous autres humains,
Et montre à l'Univers la liberté qu'il aime.
Pour détremper ton fiel, jette, jette les yeux
Sur ces riens enchanteurs, délices de vos Belles,
De l'enjouement François restes si précieux,
Toujours accumulés, sans peser sur mes aîles.

CLEMENT.

Bavard impitoyable, as-tu bientôt fini
Ce long panégyrique aussi plat que toi-même?
Apprends que, devant moi, l'éloge est un blasphême.
Tremble! ton sot babil sera bientôt puni,
Et je t'attends, Barbare, à ma lettre septième.

PEGASE.

Fort bien, applaudis-toi d'un fatras ténébreux,
Où tu voudrois flétrir ce qu'au Pinde on renomme,
Libelle scholastique, où tu crois, malheureux,
Qu'il importe au bon goût d'insulter un grand homme.
Vas, vas, contre Nestor Thersite eut beau crier;
On ne l'écouta pas (je l'ai lu dans Homère)
Ton destin est le même, & ta sotte colère
Que le chardon nourrit, n'atteint point au Laurier.

CLEMENT.

C'eſt trop, de mon courroux je ne ſuis plus le maître ;
Mon encre … mes crayons … tu ſauras qui je ſuis ;
Il parle de Laurier ! devant moi ! : .. Je frémis …
A moi, Moutard, à moi ! viens me venger d'un traître.

PEGASE

O Pédant, plus fougueux & plus rétif que moi !
Je rougis que vers toi l'humeur m'ait pu conduire.
Je retourne à Ferney demander de l'emploi,
Et me purger de l'air qu'en ces lieux on reſpire.
La juſtice & l'honneur m'en impoſent la Loi ;
L'aſyle de Voltaire eſt encor mon empire.
Je le vois : ſon nom ſeul te cauſe un juſte effroi ;
Rampe & ſiffle à ſes pieds … . adieu, je me retire.
Subalterne Zoïle, Ariſtarque ſans foi,
Tu me dégoûterois même de la ſatyre,
Et les chevaux aîlés ne ſont pas faits pour toi.

BILLET
A M. LE MARQUIS DE ✳✳✳.

Qui me prioit de lire chez lui une Comédie.

A TES vœux je ne peux foufcrire,
Et j'en fais Juge l'amitié.
Sur le point d'être expédié
Par un Public qui, fans pitié,
Siffle plus fouvent qu'il n'admire,
On n'eft comique qu'à moitié,
Et l'on n'eft pas preffé de rire.
Je fuis hélas ! plains mon tourment,
Menacé de perdre la vie,
Car je crois que dans ce moment
On répete ma Tragédie ;
Et je fais fort pertinemment
Qu'ici c'eft une maladie
Dont on expire brufquement.

MES NOUVEAUX TORTS,

OU

LE TITRE DE CE RECUEIL JUSTIFIÉ.

Oui, mes torts, oui Zirphé, je ne puis m'en dédire.
J'en eus d'anciens, en voici de nouveaux.
J'eus, avant tout, celui d'écrire,
Et d'abandonner mon repos
A la merci de la satyre.
J'ai, par un ton peu scrupuleux,
Choqué les Potentats du littéraire empire.
Ce siecle abonde en mortels ennuyeux,
Et mon second tort fut d'en rire.
Ils s'en vengent, Dieu sait ! mais que faire à cela ?
Il faut les voir, dans leur gaieté cinique,
Piquer l'un, blesser l'autre, immoler celui-là,
Par passe-temps philosophique.
A peine, hélas ! mon nom fut-il cité,
Je fus inscrit sur le noir catalogue,

*

Où , pour jamais , tout rebelle eſt noté.
Des Rabbins du parti l'ardente humanité
    M'a pourſuivi , harcelé , moleſté ;
    Ils ont frémi de ma petite vogue ,
    Et mes freres m'ont rejetté
    Du giron de la Synagogue . . .
Le déſaſtre eſt affreux , mais je l'ai mérité.
Ton zele eſt généreux & n'eſt point raiſonnable.
Zirphé, comptons mes torts, mais ſur-tout comptons bien.
    Ceux de l'Auteur & ceux du Citoyen :
Tu verras que je ſuis un mortel très-coupable.
Dans le ſiecle du goût & des in-folios ,
J'ai ſans prétention écrit des bagatelles ;
J'ai fait des contes gais , on les vouloit moraux.
Inſpiré par mon cœur , j'ai célébré les belles ,
Et , de certaines gens , qui chantent peu pour elles ,
Ont , comme de raiſon , frondé mes madrigaux.
    Ai-je eſſayé de peindre des Héros ?
Alte-là , m'ont-ils dit ; grondez vos infidelles ;
Et j'ai changé de torts , en changeant de travaux.
Contre leur aſcendant , Zirphé , que peut le nôtre ?
J'ai vu , (de mon deſtin il faut ſubir la loi) ,
    Que ſouvent on blâmoit dans moi
    Ce que l'on prônoit dans un autre.
D'ailleurs , il eſt prouvé que j'ai le cœur très-noir
    Et l'eſprit très-inſociable.

Des comités favans je brave le pouvoir,
Des Juges panachés le caquet refpectable,
        Et les Sibiles du boudoir.
        Du théâtre la double lice,
Depuis un tems m'invite à des crimes nouveaux,
Et, quand j'ai réuffi ... ce fut une malice
        Pour faire enrager mes rivaux.
Voltigeant au hazard, de pampres couronnée,
Ma mufe indépendante, en dépit des clameurs,
        Dans fa marche déterminée,
Quelquefois, en paffant, fut ranger nos Docteurs,
Troubla bien méchamment la belle deftinée
        De cinq ou fix Légiflateurs,
Chanta fouvent l'amour, rarement l'hymenée,
Et, cherchant des lauriers, ou courant fur des fleurs
Toujours incorrigible & toujours condamnée,
Eluda fans égards le joug des protecteurs.
        Puis, le moyen qu'on me pardonne !
Non : je fens tous les torts dont mon cœur s'eft noirci :
Et, pour comble de maux, (car le Ciel m'abandonne)
Je fuis, je le confeffe, un pécheur endurci.
        Je mourrai dans l'impénitence.
Avant tout, je m'entête à ne jamais ramper,
C'eft un tic fingulier, qu'on n'a pas quand on penfe :
Mais à fon naturel on ne peut échapper ;
Pour mes défauts du moins j'ai connu la conftance.

Tout ce qui m'occupoit doit encore m'occuper.
Quoique le ton du siecle autrement en ordonne,
Je prétends fuir l'orgueil, ne détester personne,
Bien scandaleusement toujours rire à souper,
Sur le front d'un rival attacher la couronne ;
S'il le faut, être dupe, & ne jamais tromper.
    Je veux de plus, dans ma très-humble sphere,
        Jouir sans faste & sans éclat,
        Du peu de bien que je puis faire,
Et plaindre mon ami, s'il devient un ingrat.
        Que la haine après persévere ;
Je verrai, ma Zirphé, ses complots sans effroi :
Mon cœur est courageux, si ma tête est légere.
Malin pour mes Censeurs, mais sensible pour toi,
        Je garderai mon caractere,
Et mes torts, Dieu-merci, ne mourront qu'avec moi.

VERS

A

MADAME LA COMTESSE DE B**,

*Préfentés par M. fon Fils, le jour
de fa Fete.*

Je dirai tout, fans nul déguifement;
Ainfi que toi, je fuis fincère.
Hier, bien clandeftinement,
J'allai faire un tour à Cythère :
On ne va là que pour chercher l'Amour.
Ce Dieu doit être de mon âge ;
Je me le peins fous ton image,
Et pour te chanter, en ce jour,
Je voulois avoir fon langage.
Vénus, aux regards féduifans,
Et qui, fans toi, m'eût paru belle,
Vénus, fous des myrtes naiffans,
Me voit, me fourit, & m'appelle :

Tu veux fêter Eglé, dit-elle :
Tiens ; voici deux de mes enfans
Qui pourront éclairer ton zèle.
    Je les suivis. L'un de fleurs couronné,
A mes transports sembloit s'attendre :
Mais il est plus galant que tendre ;
J'étois moins ému qu'étonné,
Et je me lassai de l'entendre.
L'autre, bien moins ingénieux,
Et laissant couler quelques larmes,
Après avoir vanté tes charmes,
Pour ton bonheur forma des vœux.....
    Ton émotion me décide,
M'écriai-je, sers-moi de guide ;
Pour Maître, c'est toi que je veux.
Toutes les roses de ton frère
Se faneront dans un moment :
Tu fais pleurer, tu sauras toujours plaire.
    Amour, ton langage est charmant ;
De tant d'esprit, qu'avois-je à faire,
Pour exprimer un sentiment ?
Alors, cherchant l'abri d'une grotte écartée,
Il m'apprit ses secrets divers,
Et je t'offre aujourd'hui les Vers
Que j'écrivis sous sa dictée.

BILLET

A M. LE MARQUIS

DE SAINT-MARC.

Muses, vos berceaux font plus verds,
C'eft le tems des Métamorphofes :
Le mois qui fait naître les Rofes
Infpire auffi les jolis Vers *.
Mais les doctes enchantereffes
Me ferment leur divin Bofquet ;
Adieu le tems de leurs careffes !
Je ne fuis plus dans leur fecret ;
Et depuis qu'on m'a mis au lait,
Je ne fuis guére à mes Maîtreffes.

---

* J'en avois reçu de charmants, dont l'Aureur ne fe nommoit pas.

Quoi qu'il en ſoit, au rendez-vous
Je ne veux point me faire attendre.
J'irai le voir, j'irai l'entendre
Celui dont les chants ſont ſi doux.
Un Poëte aimable eſt ſi rare !
De bons Vers, on en lit ſi peu !
Lorſque l'on dîne chez Chaulieu,
Quel bonheur d'y trouver Lafarre !

COMMENT

COMMENT DONC FAIRE?

J'AIMOIS Ismène, Ismène étoit aimable;
Je fus long-tems fier d'un si beau lien;
Mais son amour étoit inexorable:
Un geste, un mot, le plus simple entretien;
Tout m'accusoit; j'étois toujours coupable:
Aimant Ismène, il falloit n'aimer rien.
Epiant tout, mon ombrageuse Amie
Dans un coup d'œil voyoit cent trahisons,
Ouvroit son cœur à l'essaim des soupçons,
Et m'enlevoit le charme de ma vie:
La bise ainsi vient sécher les moissons.
Chaque Beauté, dont la grace piquante,
Dont les vingt ans se faisoient trop citer,
Aux yeux d'Ismène en avoit toujours trente,
Et dix de plus, si j'osois disputer.
La taille noble étoit sans élégance;
L'air vif & gaî paroissoit indécent;
La dignité se nommoit arrogance;
On trouvoit fade un air intéressant:

Q

D'une injuſtice, ou, d'une humeur nouvelle,
Pendant le jour, ſi je m'étois ſauvé,
La nuit biéntôt me brouilloit avec elle :
Elle rêvoit que j'étois infidelle,
Et j'expiois ce qu'elle avoit rêvé.
Aſſez long-tems je fis tête à l'orage,
Traînant le joug quoiqu'il fut douloureux ;
Le cœur ſe laſſe, & l'on devient volage,
Avec l'eſpoir d'être enfin plus heureux.

　Je vis, j'aimai, j'idolâtrai Julie :
Autre tourment. Son cœur paiſible & doux
A le malheur de n'être point jaloux ;
D'aucune crainte elle n'eſt pourſuivie.
De ſoins cruels à mon tour agité,
Mes premiers maux ſont des biens que j'envie ;
Je ſuis Martyr de ſa tranquillité.

　Dieu des Amours, mon injure eſt la vôtre.
Ecoutez-moi, j'implore votre appui.
Je voudrois bien que l'une eut aujourd'hui
Tous les défauts qui m'ont fait quitter l'autre !

A DÉLIE.

DE contraftes charmans quel piquant affemblage !
Frivole aujourd'hui, demain fage,
Vous occupez le cœur & l'efprit tour-à-tour.
Chez vous, chaque inftant, chaque jour
Voit naître une Métamorphofe ;
Vous défolez gaîment ceux qui vous font la cour,
Et même vos refus accordent quelque chofe.
Vous penfez, vous riez, vous êtes un lutin
Qu'on ne conçoit pas, & qu'on aime.
Hélas ! pourquoi, quand vous changez fans fin,
Me plaifez-vous toujours de même ?

IDILLE,

EN DIALOGUE,

Récitées par deux Enfans devant son Altesse Sérénissime Mademoiselle de B....

MIRTIL.

Vois-tu le beau jour qui s'apprête ?

EGLÉ.

Vois-tu le vif éclat des Cieux ?
De Louise fille des Dieux,
N'est-ce pas aujourd'hui la fête ?

MIRTIL.

Viens : pour elle cueillons ces fleurs,
Tribut de la naissante aurore,
Qui les arrosa de ses pleurs.

EGLÉ.

Donne-t-on des bouquets à Flore ?

MIRTIL.

Quels peuvent être nos préfens ?
A la plus belle des Déeffes
Que peuvent offrir des Enfans,
Sinon des rofes, des careffes ?

EGLÉ.

Ajoute donc des fentimens.
Aujourd'hui j'ai lu dans la fable
Que rien n'eft fi beau que l'amour :
Mais la Nymphe de ce féjour
Eft fûrement bien plus aimable ;
Son ame, fon ame adorable
Eft fans malice & fans détour.
Cet Amour eft un Dieu qui bleffe,
Et qui, dit-on, lance des traits ;
Moi, j'aime bien mieux la Déeffe,
Qui ne répand que des bienfaits.

MIRTIL.

Eh bien ! fignalons notre zèle.

Tombons, ma sœur , à ses genoux ;
Laissons parler un cœur fidèle.
Elle sait plaire mieux que nous ,
Mais nous savons aimer comme elle.

QUATRAIN

A MADAME ***.

Tu ne peux inspirer que des ardeurs fidèles :
Oui, près de toi , Zélis, fixez par tes appas,
    L'amour malheureux n'a point d'aîles ,
    L'amour heureux ne s'en sert pas.

PORTRAIT

QU'ON RECONNOITRA.

POETE, Hiſtorien, Géomètre, Orateur,
Dans le vaſte champ du génie,
De chaque genre il a cueilli la fleur.
Il briſe, en ſe jouant, le ſceptre de l'erreur,
Pour ſauver d'une main hardie
Licurgue le Légiſlateur,
Marc-Aurèle & Trajan, l'amour de leur Patrie,
Et Titus, ce bon Roi, qui vaut bien un Docteur.
Par ſes jolis Romans l'Hiſtoire eſt embellie.
Dans l'Epopée & dans la Tragédie,
Ornant ce qu'il dérobe, il eſt plus qu'inventeur.
Raphaël par le goût, *Rubens*, pour la couleur,
Il hérita de leur magie.
On aime ſa raiſon, plus encor ſa folie :
Et l'on m'oſe accuſer d'être ſon détracteur !

Q iv

Pourquoi ? C'eſt que fier d'être libre,
Je n'ai point endoſſé le cinique manteau ;
C'eſt que, me repoſant dans un ſage équilibre,
Je vis avec moi-même, & penſe *incognito* :
C'eſt que, raiſonnant mon eſtime,
De l'orgueil littéraire oſant me faire un jeu,
J'ai dit dans quelque folle rime,
Qu'on n'eſt pas tout-à-fait un Dieu
Quoiqu'on ſoit un Auteur ſublime,
Et que, dans tout, l'homme ſe montre un peu.
Plus de ſalut pour moi ! mes cenſeurs que j'admire,
* Et qu'en les admirant j'ai rendus furieux,
Voudroient qu'à leurs dépens on n'osât jamais rire,
Mais, je ſuis leur valet : j'aurai pour moi les jeux,
Ils auront pour eux la ſatyre.

---

* L'admiration (pour certaines gens) eſt la plus ſanglante
des Epigrammes.

A MADEMOISELLE
DOLIGNY. *

Je ne crois guère aux Médecins :
Ils parlent, jugent, définissent,
Et presque jamais ne guérissent,
Sinon, les gens qui font bien sains :
Mais, puisque tu veux m'entreprendre,
Petit Esculape charmant,
Je cours, sans oser m'en défendre,
Tous les risques du traitement.
Tes remèdes font doux à prendre.
Surtout, un peu de bonne foi ;
Joli Docteur, point d'embuscade ;
Trop d'amour est mortel pour moi ;
Et je pourrois, guéri par toi,
Me retrouver bien plus malade.

* Je lui demandois la recette d'un élixir pour l'estomach.

LA
VRAIE PHILOSOPHIE.

Amis, point trop d'impatience :
Le jour, n'implorons point la nuit.
Cette ardeur de la jouiffance
Eft fouvent ce qui la détruit.

Dans le mois où croît l'Aube-épine,
Votre chaleur a tout hâté :
Rien n'a mûri dans votre Eté,
Et l'Hiver vous crierez famine.

N'ai-je point épuifé les fleurs,
Dont au Printems on fe couronne ?
C'eft pour trouver encor meilleurs
Les fruits cueillis dans mon Automne.

Je cherche partout le plaifir :
Mais lorfque ma recherche eft vaine
Je fais jouir de mon defir,
Quelquefois même de ma peine.

A MADAME DE...

En lui envoyant des Oranges de Malte.

Un vieux Dragon veilloit jadis
Sur le jardin des Hespérides :
Il écartoit les mains avides ;
Les regards même étoient punis.
Un jeune enfant, non moins fidèle,
Garde aujourd'hui les pommes d'or ;
Il les garde pour la plus belle,
Et barricade son trésor.
J'approche, son œil étincelle,
Il saisit son arc menaçant :
Mais je te nomme, & , dans l'instant,
Voilà mon Argus qui chancelle.
Prens, me dit-il, cueille, choisis :
Chloé seule excitoit mon zèle ;
Porte à ses pieds l'arbre, les fruits...
Et, si tu veux, le sentinelle.

A MADAME

LA COMTESSE DE...

Dᴀɴs un grouppe voluptueux
Pigal unit l'amour & l'amitié fidelle ;
Et, s'il en faut croire nos yeux,
Tes traits à la dernière ont servi de modèle :
Quelle amitié ! l'amour n'est pas plus dangereux.
Tu blesses comme lui, si tu souris comme elle....
Vas, tu ressembles à tous deux.

A

M. LE CHEVALIER DE C...*

Dans le Temple où Vénus préside,
Sont des niches pour les pécheurs.
C'est là qu'ils vont d'un air timide
Avouer leurs jeunes erreurs.
Avec une mine hypocrite,
De petits Bonzes emplumés,
Mais sous le froc toujours armés,
Les attendent dans leur guérite.
Ils empruntent le ton caffard,
Affichent la ferveur du zèle :
En bon françois cela s'appelle,
S'aller confesser au Renard.

---

* A l'occasion de quelques Vers, intitulés. *Ma Confession.*

Joli Pénitent de Cythère,
Voilà, je crois tes Directeurs,
Tu nous reviens, la chose est claire,
Perverti par tes Confesseurs.

QUATRAIN

POUR LE PORTRAIT

DE M. DE LA LANDE.

De la sphère étoilée il nous transmit l'Histoire ;
A ses calculs savants l'Univers est soumis :
Mais, cherchant le bonheur, qui vaut mieux que la gloire,
Pour jouir sur la terre, il s'est fait des amis.

L'IRRÉSOLUTION.

C'EN eſt fait : allons, je me rends ;
Zélis, aura la préférence.
Oui, j'aime ſes grands yeux mourans,
Et ſa naïve négligence.
Que ſes regards ſont éloquens !
Ils donnent de l'ame au ſilence,
Et Glycère, & ſes dix-ſept ans
Ne ſont plus rien dans la balance.....
Mais la friponne, quand j'y penſe,
A des attraits bien ſéduiſans !
Quel babil ! quelle extravagance !
Comme elle rit de ſes ſermens !
Zélis eſt belle, Zélis penſe,
Et cela doit intéreſſer :

Glycère a plus ; fa pétulance
Jamais ne l'expofe à penfer.
Cependant, je ne puis le taire,
Zélis fourit bien tendrement !
Mais l'autre hélas ! me défefpère,
Et me défole fi gaîmént !
Je lui fais gré de ma colère,
Et peut-être de mon tourment.
Il faut donc adorer Glycère !...
Mais Zélis a tant de vertus !...
Mais l'autre a de fi jolis vices !...
L'une a des charmes ingénus :
L'autre plaît par fes artifices.
Zélis, exempte d'injuftices,
A l'efprit égal & conftant....
Glycère change à chaque inftant :
N'eft-ce donc rien que des caprices ?
Ah ! c'eft trop : Zélis a des mœurs,
Et je dois tout quitter pour elle :
Mais, plus maligne que cruelle,
Glycère affecte des rigueurs....
Cela diftrait un cœur fidèle.
Dans la crife de ces combats,
Que réfoudre enfin, & que faire ?
Oui, oui, pour fortir d'embarras,
Commençons par avoir Glycère.

Et

Et, toi, Zélis, que je préfère,
Contre moi, ne vas point t’armer :
Je me dépêche de lui plaire,
Pour ne plus songer qu’à t’aimer.

QUATRAIN

POUR LE PORTRAIT

DE M***.

IL respire ! c’est lui ! la bonté, la douceur,
L’esprit, le sentiment, l’art d’aimer & de plaire,
Tout parle dans ses traits, & j’en sais le mystère,
C’est, qu’en peignant ses traits, on a lu dans son cœur.

*R

A M. LE MARÉCHAL.

DE RICHELIEU.

ENTRE les palmes de Mahon,
Pour vous seul reverdit encore
La couronne d'Anacréon ,
Et , sans vieillir comme Titon ,
Vous fêtez bien plus d'une aurore.
Votre automne est un long primtems.
Vous cueillez à tous les instans
Les fleurs du matin de la vie ,
Et l'amour amuse le tems ,
Pour qu'à jamais il vous oublie.
Ah ! conservez ces goûts charmans ,
Cette aimable Philosophie ,
Cette fleur de galanterie
Qui vaut bien les beaux sentimens
De la gothique Bergerie ;

Rendez Ovide à ma patrie,
Et laiſſez un Code aux Amans;
Déſolez, enchantez nos Belles,
Et puiſſiez-vous, grondé par elles,
Entendre encore après çent ans
Tout ce qu'on dit aux Infidèles !

QUATRAIN

A MADAME***

CE féjour où mon œil contemple
Des Arts le magique pouvoir,
Loin de toi n'eſt plus qu'un boudoir....
Parois, !e boudoir eſt un temple.

L'OMBRE
DE GABRIELLE.
ROMANCE.

CHARMANTE Gabrielle ,
Toi , si chère à nos cœurs ,
Que ton ombre fidelle
Se couronne de fleurs.
Paris te rend hommage
    En ce moment ;
Il applaudit l'image
    De ton Amant.

ADORABLE Maîtresse
Du plus grand des Henris,
Que j'aime ta foiblesse !
Combien je te chéris !

C'eſt trop peu qu'une Belle
    Puiſſe charmer.
Pour ſe rendre immortelle
    Il faut aimer.

Nos rives retentiſſent
Du nom de ton Héros.
Ses palmes refleuriſſent
Sous de rians pinceaux.
On croit encor l'entendre.
    Chez les François
Un Roi gaî, brave, & tendre,
    Ne meurt jamais.

Que dis-je ? il reſſuſcite;
Il vient nous conſoler,
Louis déjà l'imite,
Et veut lui reſſembler.
L'ame & les ſoins d'un père,
    Il les aura.
Ce qu'Henri vouloit faire,
    Il le fera.

LA RÊVERIE.

ROMANCE.*

O rêverie
        chérie
Au gré de mes defirs,
    Peins-moi, ma Zélie :
      Zéphirs
    Portez-lui mes foupirs,
Et qu'elle en foit attendrie !
Quel tourment que l'abfence !
Dès que le jour commence,
Ma peine & mon ennui
Semblent renaître avec lui.

---

* Air *D'Albanèfe* : Déjà l'Aurore colore.

La Tourterelle
M'appelle.
Près de ces antres sourds
Je gémis comme elle.
Toujours
Nous contons aux amours
Quelqu'infortune nouvelle.
Combien sa voix est tendre !
Je me plais à l'entendre :
Ses chants & sa douleur
Ont leur écho dans mon cœur.

La foudre gronde.
Cette onde
S'enfuit avec fracas :
Quelle nuit profonde !
Hélas !
Il semble sous mes pas
Que l'Univers se confonde :
Peut-être par Zélie
Mon ardeur est trahie,
Le Ciel en ces momens
Lui rappelle nos sermens.

R iv

La nue obscure
S'épure....
Mais quels nouveaux accens!
Sous cette verdure
J'entends
La voix de deux Amans.
Des soupirs j'entends le murmure.
Quand je meurs de tristesse,
Leur paisible tendresse
Jouit sans nul effroi....
Et la tempête est pour moi.

LE PORTRAIT

RECONNU.

Dans un bosquet de sa mère,
L'aîné des Amours rassembla
Tous les bons Devins de Cythère :
Que de fripons se trouvoient là !
Psyché, dit-il, m'avoit sçu plaire :
Une autre me tient sous ses loix,
Par le portrait que j'en vais faire,
Devinez l'objet de mon choix.
A la fraîcheur de la jeunesse
Son front unit la majesté ;
Sa beauté ravit, intéresse ;
Sa grace ajoute à sa beauté ;
Dans ses yeux l'esprit étincelle ;
Rien n'est si doux que ses accens,
Et sa bouche est la fleur nouvelle
Eclose au souffle du printems.

A ces mots, on caufe, on murmure :
Sur qui fon choix eft-il tombé ?
Chacun devine à l'aventure :
  L'un nomme Flore, & l'autre, Hébé.

  J'y penfois, dit avec fineffe,
Le plus malin des petits Dieux :
Quand l'Amour veut une Maîtreffe,
Il doit la chercher dans les Cieux.

  Que fait l'immortel diadême,
Reprit fon frère avec ardeur ?
La Nymphe charmante que j'aime,
Vaut cent Déeffes pour mon cœur.
On la verroit fimple Bergère
Regner encor par les attraits ;
Son empire, c'eft l'art de plaire :
Elle aura toujours des fujets.
L'Hymen lui treffe une couronne ;
Les plaifirs portent fes couleurs ;
Jouant fur les degrés du trône,
L'effaim des ris qui l'environne,
Lui préfente un fceptre de fleurs.

  Tout-a-coup plein d'impatience,
Le Chœur des Amours s'écria :
Eh ! c'eft la Nymphe de la France :
Nous connoiffions ce Portrait-là.

RECETTE

CONTRE LA SATYRE.

Auteurs du jour, pauvres modernes,
Qu'on a tant de fois outragés ;
Martyrs des haînes subalternes,
Toujours honnis, jamais vengés,
Salut, honneur & douce amie !
Résignez-vous avec gaîté ;
Chacun, dit-on, a sa manie.
Vos Censeurs, pleins d'aménité,
Ont celle de porter envie
Au talent quand il est fêté,
Et de dépouiller le génie,
Pour revêtir leur nudité.
Plaignez ce tic par bonhomie,
Et souffrez-le par charité.
Les cris opposés aux injures,
Et les raisons, & les murmures,

Rien n'y fera, finon le tems ;
Ces Meffieurs, toujours plus ardens,
Ne cefferont de vous pourfuivre :
En grippe ils ont pris les vivans ;
Un mort, quel qu'il foit, les enivre.
Auffi, fans égard pour les gens ,
Pourquoi vous obftiner à vivre ?
En effet, le beau paffe-tems !
Pour défarmer leur foule obfcure
Effayez d'un fecret certain :
Mourez aujourd'hui , je vous jure
Qu'on vous fait immortels demain.

AUTRE IMITATION
DE PRIOR.

Enchanteresse que vous êtes,
Nimphe & Silphide tour-à-tour,
Dites-moi donc comment vous faites
Pour peindre & pour braver l'amour ?
Tout en vous l'annonce & l'inspire ;
Ce Dieu que j'aime, que je hais,
S'entend avec vous pour me nuire ;
Il vous révéla ses secrets
Et vous arma de son sourire.
Quand vous marchez, dans vos habits
C'est lui qui murmure & se joue ;
Vos rubans, c'est lui qui les noue :
Il se cache dans tous leurs plis.
Il se compose un dais mobile
Avec ce panache flotant ,
De ses jeux emblême fragile,
Qu'il embellit, en l'agitant.
C'est-là qu'à l'afût pour surprendre ;
Il tend ces dangereux filets,

Où tant de cœurs viennent se prendre ;
C'est-là qu'il aiguise ces traits,
Dont vous avez su vous défendre.
Fier & jaloux de vos attraits,
Par-tout on le voit sur vos traces,
Il y folâtre avec les graces ,
Il y sourit à vos succès.
Votre caprice est-il d'écrire ?
L'enfant est là, prêt à dicter ;
Et , dès qu'on vous entend chanter ,
On croit que c'est lui qui soupire.
Il est dans vos yeux , à vos pieds :
Les talens, qu'en vous on admire ,
Sont des amours multipliés.
Pourquoi donc par l'indifférence
Payer ses dons , & son ardeur !
Vous le condamnez au malheur ,
Vous le privez de l'espérance.
Prenez-y garde. A ses desirs
Epargnez ces vives alarmes ,
Et retenez-le pour vos charmes ,
Si ce n'est pas pour vos plaisirs.

L'AMANT

EMBARRASSÉ.

ROMANCE.

Air : *Lison dormoit.*

Répons, Amour, que dois-je faire,
Pour voir la fin de mon tourment ?
J'adore Eglé, mais sans lui plaire :
Trop heureux qui plaît en aimant !
Je fus toujours soumis & tendre,
Toujours en vain ; hélas ! pourquoi ?
        Hélas ! pourquoi ?
        Hélas ! pourquoi ?
Refuse-t-elle de m'entendre ?...
        Dis-moi pourquoi,
        Dis-moi pourquoi ?
Instruis un cœur formé par toi.

Du jeune Hilas qui l'intéreſſe
Je ne veux plus être jaloux,
Hilas jouit de ma triſteſſe ;
J'amuſe Eglé par mon courroux ;
L'ingrate aura beau lui ſourire,
Sans trouble je verrai cela,
  Je l'attens là ;
  Je l'attens là.
Plus de tranſports, plus de délire.
  Je l'attens là,
  Je l'attens là.
O l'heureux projet que voilà !

MAIS par malheur, ſi la cruelle
Se moquoit d'un calme affecté ;
Ne me punis pas au lieu d'elle,
En me rendant ma liberté !
Dieu charmant, laiſſe-moi ma peine,
Et que ſes yeux en ſoient témoins !
  Garde tes ſoins
  Garde tes ſoins,
J'aime à ſouffrir pour l'inhumaine.
  Garde tes ſoins,
  Garde tes ſoins,
Si par eux je dois aimer moins.

MIRTIL

MIRTIL ainſi dans le bocage
Abandonnoit ſa plainte au vent;
Lorſqu'à travers l'épais feuillage
Une voix lui dit : ſois conſtant.
Ton bonheur ſera mon ouvrage;
Un jour Eglé s'attendrira.

S'attendrira,
S'attendrira,
Redit l'écho du voiſinage;
S'attendrira,
S'attendrira ....
Et l'heureux Mirtil eſpéra.

COUPLET
FAIT A UN SOUPER.

Même Air.

DE ces beaux lieux Nymphes charmantes,
Qui de vous obtiendra le prix ?
Au même degré féduifantes,
Vous enchantez l'œil indécis.
Efprit, gaîté, graces, décence!...
Dans quel embarras nous voilà !
Attraits par ci, charmes par là,
Tiennent tous nos cœurs en balance :
Flore eft ici, Vénus eft là,
Ma foi, choififfe qui pourra !

LE SOUHAIT.

ROMANCE.

Air : *De mon Berger volage.*

SERIN je voudrois être,
Pour fêter dans mes chants
Les beaux jours que font naître
Thémire & le Printems;
Pour la suivre au bocage,
Voler sur son chemin,
Ou, de peur de la cage,
Me sauver dans son sein!

LA, j'entrevois deux roses,
Que j'irois béqueter;
Pour ses lèvres mi-closes,
Il faudroit les quitter;

S ij

Ne fachant auprès d'elle
Où fixer mon defir,
Chaque vol infidèle,
Me vaudroit un plaifir.

DANS ces doux exercices,
Je pafferois le tems,
Enivré de délices,
Sans prévoir les tourmens;
Puis le foir avec l'ombre,
J'irais, rempli d'amour,
Conter à la nuit fombre
Tous les plaifirs du jour.

RONDE DE TABLE.

Air : *Enfans de quinze ans, &c.*

LAISSONS en paix les Parlemens,
La Cour, la Ville & les Miniſtres,
Ceux qui s'en vont, les revenans,
Et du Code les vieux Regiſtres ;
Couronnons nos coupes de fleurs,
Soyons gais, & point raiſonneurs.
Chantons en refrain :
Vive Alexandrine & le vin !

O l'heureux ſiècle ! ô le bon tems !
Félicitez-vous donc, Meſdames !
Le Ruſſe bat les Ottomans,
Et bientôt vengera leurs femmes :
Pierre le Grand l'avoit prévu
Que le Grand Turc ſeroit cocu.
Chantez en refrain :
Vivent nos Vengeurs & le vin !

S iij

N'en déplaife à Mons Mahomet,
Toi, que l'on aime à la folie,
Tu vaux mieux, je le dis tout net,
Que fa Houri la plus jolie.
Choifis un Sultan parmi nous,
Turc au befoin & peu jaloux.
　　　Qu'il chante en refrain,
Et fa Sultane & le bon vin !

Si tu nous donnes quelqu'Edit,
Tu verras quel eft notre zèle ;
Il ne fera point contredit,
Ordonna-t-il d'être fidèle.
Belles, vos Arrêts font toujours
Enrégiftrés par les Amours.
　　　Chantons en refrain,
Vive la conftance & le vin !

LES REGRETS

ROMANCE. ✳

Des Amours fidèle interprête,
J'ose te confier mes feux ;
Gémis, solitaire musette,
Lisis est absent de ces lieux.
Mais il est toujours dans mon ame ;
Ses traits y sont toujours nouveaux :
Ne m'entretiens que de sa flamme,
Et du dépit de ses rivaux.

Les doux accords de Philomèle
Charment les échos de ces bois.
Si tu veux l'emporter sur elle,
De Lisis imite la voix.

✳ L'air qui est de M. Monsigny, se trouve noté dans l'Almanach des Muses, année 1770.

S iv

Redis les airs qu'il sût m'apprendre,
Redis le nom de mon Amant :
Jamais Berger ne fut plus tendre.
Peins, comme lui, le sentiment.

BORDS deserts cachez ma tristesse,
Grottes, répétez mes soupirs,
Cher Lisis, rien ne m'intéresse,
Que le regret de nos plaisirs.
Rassure une Amante inquiéte,
Ne diffère plus ton retour ;
Viens.... & fais taire ma musette,
En me parlant de ton amour !

LA FUITE
INUTILE. *
CHANSON.

L'AUTRE jour j'apperçus Lisette,
Triste & déjà loin du hameau,
Avec pannetière & houlette,
Mais sans son chien ni son troupeau.
Je lui dis : où vas-tu, la Belle,
Avec l'air de te désoler ?
Je fuis l'amour, me répond-elle,
Et si loin qu'il n'y puisse aller.

* Air de M. Dorat, noté dans l'Almanach des Muses,
année 1771.

Ton erreur, lui dis-je, eſt extrême :
Un vain dépit te fait la loi ;
Ton cœur te ſuit ; ſi ton cœur aime,
L'ennemi voyage avec toi.
Reviens parmi nos Paſtourelles,
Si tu n'as pas d'autres ſecours :
Le Dieu que tu fuis a des aîles ;
Il te rattraperoit toujours.

LE SONGE.

CHANSON.

Air : *L'Amant frivole & volage.*

Dans les Jardins de Cythère,
Auprès de toi cette nuit,
Sous un bosquet solitaire,
Un songe m'avoit conduit.
Dieux ! quels charmes ! quelle ivresse!
Vénus n'a point tant d'appas,
Tu cédois à ma tendresse,
J'allois mourir dans tes bras.

Mais l'Amour qui toujours veille,
Fut jaloux de mon bonheur;

D'un coup d'aîle, il me réveille ;
Tu n'es plus que dans mon cœur :
Tout s'envole avec le songe,
Et rien, hélas ! n'est resté
De cet aimable mensonge,
Que ma flamme & ta beauté.

A DÉLIE.

Qu'un Auteur ordinaire efface,
Il fait très-bien, affurément :
Mais toi, dont l'Amour fuit la trace,
Toi, qu'infpire ce Dieu charmant,
Ufe du moins bien fobrement
Du confeil épineux d'Horace.
Délie, efface rarement,
De peur d'enlever une grace
Ou de rayer un fentiment.

A LA MÊME,

En lui envoyant le Systéme de la Nature.

Tout me prouve & me dit qu'un Dieu doit exister.
　　　Qui t'adore, lui rend hommage ;
　　　Tes beaux yeux en offrent l'image,
Et qui connoît ton cœur, n'ose plus en douter.

A
M. MARILLIER.

Vivent d'habiles Interprètes !
Je m'affligeois ; tu viens me consoler :
    Mes Bêtes me sembloient muettes ;
    Et ton crayon les fait parler.
    Quels ingénieux artifices !
Que de traits délicats sous tes doigts sont éclos !
Emule des Cochins, Rival des Gravelots,
    Je t'ai fourni quelques esquisses ;
    Tu les transformes en tableaux.
    Graces à toi, mes Moutons m'attendrissent ;
    Je prends en haine mes hiboux ;
Mes Singes, mes Renards, mes Rats me divertissent ;
    Et j'ai presque peur de mes Loups.

Grand-merci de cette impoſture !
L'ouvrage te doit tout ſon fard :
Mes Animaux n'étoient qu'Enfans de l'Art ;
Et tu les rends à la Nature.
Cueille la palme des talens ;
Parmi les noms fameux que l'avenir te cite ;
La Fontaine eſt mort pour long-tems ;
Mais Oudri dans toi reſſuſcite.

LE
SÉNAT DES AIGLES.
ALLÉGORIE.

HORS le bon emploi du moment
Rien n'est solide sur la terre :
Le plus bel établissement
Se détruit à la longue, ou du moins, dégénère.
Ce qui fut un temple autrefois,
N'est de nos jours qu'une guinguette :
Ce Peuple que Tarquin ne put soumettre aux Rois,
Un Dictateur le mène à la baguette....
Chut !... au bon tems passé qui vaut bien le nouveau ;
Jadis les Aigles s'avisèrent
D'être en Corps réunis : le projet parut beau !
Foi d'Aigle même, ils se jurèrent
D'exclure, sans pitié, tout subalterne Oiseau :

T

Il falloit, pour entrer, un titre légitime,
　　　　Nommer, produire ses Ayeux;
　　　　Des plus hauts monts franchir la cîme;
Affronter les éclairs sous un ciel orageux,
Sonder des feux du jour l'éblouissant abîme,
Et d'un œil intrépide envisager les Cieux.
　　　Pendant un siècle, on fut incorruptible;
Un siècle! c'est beaucoup: quel corps, chez les humains
　　　　Pendant ce tems est infaillible?
Mais, tout s'use & périt; c'est la loi des destins.
Le Sénat, par degrés, devint moins inflexible.
Un Sénateur, un jour, proposa le Milan,
Oiseau d'honneur, dit-il, hardi pour entreprendre:
Si nous avions la guerre, il sauroit nous défendre;
Vous connoissez sa force & son rapide élan.
Choix politique! Il passe. Après quelques années,
　　　　Certain Aigle, ami d'un Furet,
Voulant qu'il partageât ses belles destinées,
Pressentit le Sénat sur le nouveau sujet.
D'abord, on le traita d'ennemi domestique,
　　　Et de brouillon qui vouloit tout gâter:
Unanime refus: mais il ose insister;
　　　S'il est, dit-il, quelque sourde pratique,
　　　Frère Furet, de courir, de troter,
　　　　Et sûrement de l'éventer
　　　　Au profit de la République:

Il faut des gens qui sachent fureter;
Et de mon protégé le talent est unique,
Pour tout voir, tout entendre, & pour tout rapporter:
          A ce discours, plus de réplique.
Le Candidat se glisse, il en fallut tâter.
La Corneille, la Pie, ou de semblables gaupes,
Avec des Protecteurs eurent aussi leur tour,
Et, parmi des Oiseaux faits pour l'éclat du jour,
On reçut à la fin, devinez qui?.... des Taupes.

QUATRAIN
SUR
LA FONTAINE.

Il sait unir la grace avec la négligence.
Il viole par fois l'art d'aligner les mots :
Mais l'enchanteur me trompe, & je suis sans défense.
Une grace à mes yeux rachete vingt défauts.

A DÉLIE.

Le joli diable aîlé, dont l'homme a fait un Dieu,
    Lisoit un jour ces fantaisies.
En voyant défiler mes Iris, mes Sylvies ;
Ces petits Vers, dit-il, mourront tous avant peu :
Mais ton portrait le frappe, & son œil étincelle,
    Bien t'en a pris de peindre cette Belle,
    S'écria-t-il, de plaisir transporté !
Puis, il prend le Livret, il l'attache à son aîle,
Et les voilà partis pour l'immortalité.

F I N.

ERRATA INDISPENSABLE,

Car mes honnêtes Critiques ne manqueroient pas de m'attribuer toutes ces inattentions.

PAGE 27, au lieu de *rien attriste*, lisez *n'attriste*.

Page 73, au lieu *nous ne proposons*, lisez *ne te proposons*.

Page 122, au lieu de *les traits charmans qu'ils ont fait naître*, lisez *qui l'ont fait naître*.

Page 141, au lieu de *le frippon*, lisez *le fripon*.

Page 147, au lieu de *je ne dis rien, rien*, lisez *je ne dis rien*.

Page 161, au lieu de *l'ouragan, les rocs*, lis. *l'ouragan, les rois*.

Page 167, au lieu de *les arts étalant leurs charmes*, lisez *tous leurs charmes*.

Page 170, au lieu de *auriez-vous l'ambition*, lis. *auriez-vous eu*.

Page 175, au lieu de *faut-il tout risquer, tout dire*, lis. *faut-il tout risquer & tout dire*.

Page 229, au lieu de *du meilleur de nos Rois*, lis. *de vos Rois*.

TABLE
DES MATIERES

Contenues dans cet Ouvrage.

LIVRE P.REMIER.

T iv

ÉPITRES.

LIVRE SECOND.

PIÈCES DIVERSES,

LIVRE TROISIEME.

Fin de la Table des Matieres.